大展好書　好書大展
品嘗好書　冠群可期

大展好書　好書大展

品嘗好書・　冠群可期

武術特輯
118

太極纏絲功

王鳳鳴　編著

大展出版社有限公司

1953 年首都武術社成立，第二排由右向左第七位為陳式太極拳第十七代著名傳人陳發科先生，當選為社長。第二排由右向左第八位為中國著名道家內功傳人胡耀貞先生，當選為副社長

1993 年，在瑞士舉辦的歐洲太極拳推手比賽上，作者表演推手時的「發勁」

山東淄博市梓童
山武術院聘請作者
為名譽院長。左立
者為梓童山武術院
倪雲海院長

加拿大陳式太極拳修練院李來仁院長
聘請作者為該院顧問

2000年作者在芬蘭主持歐洲第三屆國際陳式混元太極拳和氣功交流會

1998年，作者邀請馮志強老師在芬蘭赫爾辛基指導太極推手技擊

2006年，作者在韓國主持了第九屆國際陳式混元太極拳和氣功交流會

2005 年作者在日本教學時，與學員們合影留念

和俄羅斯武士交流太極推手

在芬蘭赫爾辛基的氣功交流會上，太極拳愛好者們對作者的太極內功絕技「丹田內氣鼓蕩」產生了濃厚的興趣

作者在西班牙教授太極纏絲功對練

作者在加拿大教學時，學員們排隊體會他的「丹田內氣鼓蕩」太極內功絕技

作者在日本教學時，學員們體會他的太極內功絕技

作者帶領芬蘭的學生們在練纏絲功

作 者 簡 介

王鳳鳴先生 1952 年生於北京，8 歲起先後從師於王有志老師學習少林拳，八卦掌第四代傳人劉興漢老師學習八卦掌，1975 年正式拜師於陳式太極拳第十八代傳人、氣功傳人馮志強老師的門下，學習太極拳和氣功等傳統技術。經過幾十年的苦心修練和潛心研究，得到真傳，集太極、氣功、八卦於一身，功深技精，掌握技術全面，是馮老師很有成就的弟子。

王鳳鳴先生不僅是著名的武術家，還是從事武術和氣功技術、理論普及的作家。以中文、英文、西班牙出版的著作《道家太極棒尺氣功》《道家氣功精華—內丹功—外丹功》《太極推手技擊傳真》《道家內功「循時修練法」》等成了膾炙人口的暢銷書，發行於世界各地。他還在國內外的武術雜誌和體育報刊上發表過幾十篇有關氣功、太極拳方面的論文。其中《太極尺棒氣功》和《內丹功》論文，曾分別於 1999 年和 2003 年在德國漢堡舉辦的世界氣功大會上榮獲最佳優秀論文獎。為了掌握中醫方面的知識，提高人體科學

的認識，他曾在中醫研究院學習了 3 年。

王鳳鳴先生從 1982 年開始在北京國際教學中心工作，從事武術、太極拳、氣功教學，曾任教練、高級教練、總教練、副總經理和志強武館副館長、總教練等職。培養了大批的學生，為傳播和推廣中國的太極拳、氣功事業作出了貢獻。作為中國武術界一位非常有實力有影響的武術名家，曾多次受邀出訪日本、韓國、法國、瑞士、荷蘭、西班牙、德國、芬蘭、瑞典、英國、加拿大、美國等國家，進行氣功、太極拳方面的教學和學術交流，得到國內外武術界的尊敬和好評。被讚譽為「內功王」「真正的太極和氣功大師」，並被國內外的二十幾個武術組織聘請為名譽主席、名譽院長、教授、顧問等。

1994 年，王鳳鳴先生到芬蘭赫爾辛基大學體育系和其他學校從事太極拳以及氣功方面的教學工作。為了更進一步推動太極拳和氣功事業在歐洲的發展，他組織成立了歐洲陳式混元太極拳協會，任主席。

從 1998 年起，他先後在瑞典、荷蘭、芬蘭、法國、德國、西班牙、英國、瑞士成功地領導組織了每年一次的「歐洲國際陳式混元太極拳和氣功交流會」，深受太極拳和氣功愛好者們的歡迎，學員們來自世界上的許多國家。

2007 年，美國一所大學邀請「特殊優秀人才」王鳳鳴先生到美國工作。

可登錄 www.worldtaiji.com 與作者聯繫。

出 版 說 明

　　纏絲勁是太極拳中最重要的技術，是太極拳內功和推手技擊的中流砥柱，是太極拳的靈魂。但是，在琳琅滿目的太極拳書籍叢中，竟未有一部專門系統地介紹太極纏絲功技術方面的專著。

　　享有盛譽的太極拳家王鳳鳴先生，根據陳式太極拳第十七代著名傳人陳發科先生及其高徒——在中外武術界享有「太極巨人」之稱的馮志強先生所傳授的一些練習太極纏絲勁的方法，又結合了自己幾十年來豐富的練功和教學實踐經驗，歷經幾年的勤奮耕耘，終於撰寫出了這部著作。

　　希望本書的出版，能給廣大熱愛太極拳這門古老技藝的朋友帶來些許增益。

目　錄

目
錄

15

第一章
緒　　論

第一節　導　讀

太級纏絲功源於陳發科先生和他的高徒馮志強先生傳授的纏絲功。陳發科先生是陳式太極拳第十七代著名傳人，功夫深厚，太極纏絲勁出神入化，人頌「太極一人」。20世紀30年代武術詩人楊敞（季子）寫詩贊之：「都門太極舊尊楊，遲緩柔和擅勝場，不意陳君標異幟，纏絲勁勢特剛強。」

馮志強先生是陳式太極拳第十八代著名傳人，他集太極拳、氣功於一身，功進大成，爐火純青，尤擅長太極推手技擊，是當代太極拳界的傑出代表，享譽海內外，被稱頌為「太極巨人」。

筆者是馮志強先生的嫡傳弟子，歷經幾十年的潛心修練和研究，集太極、氣功、八卦於一身，功深技精，尤其擅長太極內功和太極推手技擊。在「太極拳與內功同時修練」方面，探索出了一條成功之路。

聲譽廣傳海內外，在國際上享有「真正的太極和氣功大師」和「內功王」之盛譽。筆者以兩位前輩所傳授下來的一些纏絲功方法為基礎，在繼承傳統的基礎上，立意創新，有所發展。使太極纏絲功技術科學化，技擊理論實踐化，訓練方法更加系統化。

為了讓國內外的太極拳愛好者瞭解太極纏絲功，認識到修練太極拳內功的重要性，幾年來，王鳳鳴先生在主編的赫爾辛基大學體育系太極拳教學大綱的基礎上，歷經多次深加工整理，編寫了《太極纏絲功》一書。

全書共分四章，主要內容如下：

在第一章緒論中，概括地敘述了太極纏絲功的來源，並對練習太極拳的過程是調整形與氣的過程，作了簡明扼要的闡述。

在第二章太極拳理論基礎中，精闢、深刻、獨到地闡述了太極纏絲功的健身功效、順纏和逆纏、纏絲功、抓住丹田練內功、循時修練、陰陽學說、太極拳和推手技擊調節身體平衡的幾個規律、太極拳和推手技擊三道防線與三盤的劃分、太極拳「以腰脊為軸，一觸即旋」的圓形運動之理、三節四梢，五弓六合，使您瞭解、認識到太極拳理論和技擊上的獨特之處。

在第三章身體各部位纏絲功的練習方法中，詳細地介紹了頭部、上肢部、軀幹部、下肢部全身九大關節和各部位練習纏絲功的方法。它將從人體結構上講解，健身功效上分析，技擊理論上闡述，力學原理上論證，層次分明，程式合理。

各方位全身綜合纏絲更能讓習練者體感到全身上下各

關節部位同時綜合運轉，組合成一個大的太極球，多方位的、各種角度的螺旋纏繞。待習練者纏絲功達到較高水準時，運用於推手技擊，則能收到一觸即旋、何處挨著何處化、全身上下都咬人之功效。

纏絲功對練是兩個人由太極推手的形式，進行實踐運用，來檢驗纏絲功中的動作和勁別掌握的正確程度，是對纏絲功中的各種動作和勁別技術再認識、再提高的過程。

筆者根據幾十年來練習太極拳和氣功的經驗體會及豐富的中醫知識，獨具匠心地將每一個纏絲功的動作，進行了深刻的研究探討和精闢獨到的論證，並將每個動作的練習方法安排了意守部位、功效反應和重點提示項目，這樣不僅能使讀者懂得每個纏絲功動作的健身功效，還能同時瞭解認識到每個纏絲功動作的技擊含義。

在第四章名人軼事中，介紹了陳式太極拳第十七代著名傳人陳發科先生及其高徒、在中外武術界享有「太極巨人」之稱的馮志強先生，以及在國內外享有「內功王」之稱的王鳳鳴先生。

太極纏絲功的功能有多種，但書稿始終圍繞著提高人們的健康層次和思維層次而展開，這是古代人和現代人所共同需求的養料。

太極纏絲功作為一種古老的運動形態，仍具有嶄新的現代實用價值，這正是我們今天研究、整理、介紹太極纏絲功的意義所在。

近年來，在幾十個國家的教學實踐中，凡學練過本教材的學員們都普遍反映，它不僅是一本理論精闢、功深技精的難得的優秀教材，而且還具有功法安排科學合理、重

點突出、技術性強、實用性強、功夫一層深一層等特點。最重要的是對習練者來說，易學，易懂，易掌握，收效快，增長內功快。

凡是跟筆者學練過本教材內容的國內外學員們，普遍有練功一年受益十年、練功十年受益終生的切身體會。因此深受國內外太極拳愛好者所青睞。本教材內容並被中外大學體育系，武術院、校、館，太極拳協會列為太極拳和推手技擊的教學項目。故此，我們將它介紹和推薦給中外廣大熱愛太極拳運動的人們。

第二節　太極拳內功導引

隨著太極拳運動的日益普及，國內外越來越多的喜歡這項運動的太極拳愛好者，已不再滿足於一般的太極拳套路的掌握，不再滿足於太極拳外形姿勢上的鍛鍊，進而探求內涵深奧的太極拳內功，企盼能全面掌握太極拳內功的修練方法。

經常按照本書中介紹的太極纏絲功進行學練，可使習練者身體內逐漸形成一種既綿軟而又沉重，外似棉花、內如鋼條的一種奇特的「內勁」。功夫越深，內勁的品質越高。具備這種柔中有剛、剛中有柔的「內勁」，與人推手較技時，具有「人不知我，我獨知人」「神以知來，智以藏往」的特點。

隱於內而不顯於外，內動不令人知，故稱「內功」。內功如同電能一樣，隨著習練者內功水準不斷的提高，他的內功能量也在不斷地提高，內功能量的積蓄也會變得越

來越大。

習練者達到一定水準時，就能更深入地體會到，「太極拳是意氣運動，練習太極拳的過程是調整形與氣關係的過程。猶如一杯水，形是方法，氣是內容。如果練習太極拳僅停留在外形姿勢上的鍛鍊，沒有抓住實質，那只能獲得初級效應。只有深入提高太極拳內功『氣』的層次，才能達到意、氣、形合一高級階段的水準。才算真正地掌握了太極拳運動的規律」。

回憶當年，陳發科先生與對手較技時，之所以能夠做到三五秒論輸贏，發人於無形無跡；馮志強先生之所以能夠做到，當一千多斤重的電機從吊車上掉下來的剎那間，能果敢地上前接住這龐然大物；筆者在練習太極拳時，之所以能夠做到丹田內氣鼓蕩，與人推手較技時，能夠做到運用丹田進行擒拿、發放，就是因為說明有內功做後盾。反之，太極拳如果沒有內功相助，就是有再好的技術、再好的技擊方法、再好的理論，也不能發揮出威力來。正如武術諺語所述，「一功，二膽，三技巧」「拳無功一場空」。

學練太極拳動作，看得見，摸得到，好模仿，因此容易理解和掌握。而修練太極拳內功，看不見，摸不到，又不能模仿，所以不易理解和掌握。因此，習練者需要找一個有內功經驗的老師做指導，才能使自己的太極拳內功水準不斷地提高進步，直至走向成功之路！

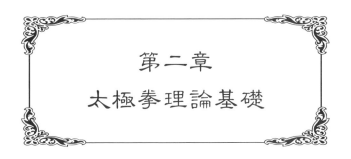

第二章
太極拳理論基礎

第一節　太極纏絲功的健身功效

太極纏絲功是中國特有的運動方式，它可在同一時間內綜合地完成神經、呼吸、血液、經絡、消化、內分泌、肌肉、骨骼等方面的鍛鍊，用以調節人體的平衡系統。

可以說，練習太極纏絲功可使人們用最寶貴的時間，達到最佳運動鍛鍊的效果。因此，經常堅持練習太極纏絲功能達到以下健身效果。

一、調節神經系統

太極纏絲功是在大腦支配下的意氣運動，以心理活動影響生理活動。意到氣到，氣到動作到，氣達於梢的練功要領，再配合手、足部位的練功動作，直接起到了對神經系統的調節作用。

從人體的神經系統分佈狀態來看，手和足屬於頸胸分佈末梢區，較為敏感。因此，由交感神經、副交感神經的

傳導，對內臟能起到反射調節作用。再由意守丹田練功要領的導引，腹式呼吸的配合和動作的相助，達到氣沉丹田的練功效果。這樣使支配內臟的中樞神經系統產生興奮，直接起到了刺激影響內臟器官的作用。

從現代解剖、生理學觀點分析，丹田和一些重要的練功部位，恰好是重要神經中樞和內分泌腺體所在地，如大腦、胸腺、腹腔神經叢、腎上腺、性腺、脊髓等等，這些都是人體重要的部位。

太極纏絲功的獨特和捷徑之處，就在於直接刺激影響神經系統時，可產生強烈的傳導感，這種傳導感可使興奮神經趨向穩定狀態，使抑制神經被激活，從而使人體的神經系統進一步地得到調整、修復和平衡。同時還可促進生化、代謝、內分泌等功能，提高人體的免疫機能，從而使人體自動化調節系統趨向有序化程度更高的狀態。

經常堅持練習太極纏絲功，對防止由於神經系統病變所產生的疾病，例如，神經衰弱、神經痛、神經麻痺、神經萎縮、胳膊和腿麻木等等，尤為有效。

二、增強呼吸系統

太極纏絲功採用腹式呼吸，要求呼吸與動作自然配合。動作相開時為吸氣，使膈肌上升，腹壓減弱，重心上移，胸壓增強，加大了肺活量。動作相合時為呼氣，便膈肌下降，腹壓增強，重心下降，胸內壓減弱，隨著呼吸和動作的變化，達到「胸寬腹實」的狀態，能改進胸廓活動度。有調整肺功能和胸膈的狀態，增加肺活量，使呼吸肌發達，恢復肺的彈性，開發肺功能潛力的作用。

因此，經常堅持練習太極纏絲功，習練者呼吸頻率會減少，肺活量比一般人大。對防止由於呼吸系統病變所產生的疾病，例如咳喘、氣虧、氣管炎、胸痛、肺炎、肺氣腫等等，均有良好的功效。

三、疏通循環系統

練習太極纏絲功螺旋纏繞式的動作，能使全身各部位的肌肉群總是絞來絞去，一鬆一緊，一剛一柔，一收一放，一開一合，交替變化運動。這種獨特的練功方式，能促使肌肉間的靜脈血液加速回流到心臟，心臟供血充足了，由動脈向全身排出的血液就會增加。

另外，練功時在意念的導引、呼吸的配合、動作的相助下，能促進心搏能力，使心肌得到鍛鍊。從而加大加速血流量，提高血管容積，增強血管的韌性和彈性。還有利於疏通血液循環系統，清除血液中和沉積在動脈和靜脈血管壁上的有害物質，使膽固醇含量下降，血脂降低。

經脈象儀測試表明，練習太極纏絲功還具有改善微循環的作用，使外周血管擴張，毛細血管血流量比平時增加了 15～16 倍。

由於外周血管的擴張和毛細血管血流量的增加，習練者體感到手足、丹田、命門等意守部位有發熱，發脹，氣行，氣動等現象，這就是練功時的所謂氣感。

毛細血管隨血流量的增加，攜帶氧、激素等營養物質的能力也相應地增長，同時清除了附在外周血管和毛細血管壁上沉積的有害物質。這是許多老年人經由練功能夠童顏鶴髮，老年斑變淺或消失的原因。

因此，經常堅持練習太極纏絲功，能引起細胞產生溫熱反應，活化細胞，使血管擴張，血管容積增大，血管通透性明顯得到改善，促進血液循環，使血管、外周血管、毛細血管中血流速度增快，末梢血流量增加，紅細胞和血紅蛋白有所增長，軟化動靜脈血管，增強血管壁彈性，清除血液中的有害物質，還可降低膽固醇、血脂，改善心肌供氧，增強心臟功能。

對防治由於循環系統病變所產生的疾病，例如高血壓、低血壓、貧血、動脈硬化，以及由於心臟供血不足引發的各種病症，均有良好的功效。

四、暢通經絡系統

中醫學理論認為，人體的健康與經氣暢通有著密切的關係，故中醫理論總是氣血並提。經常練習太極纏絲功，一般都會產生手腳發熱、發脹、氣動、氣行、指尖如針刺的感覺。在背，胸，頭，胳膊，腿等部位都有氣動、氣行的現象。中醫認為這是體內行氣的現象，是經絡暢通的反應。

練習太極纏絲功在意到氣到，氣到動作到，氣達於梢的練功要領指導下，要求動作螺旋纏繞地形成圓形運動。使肌肉、韌帶、關節在均勻連貫地反覆旋轉活動中得到無微不至的運動，調整呼吸，調節神經，暢通氣血，流轉貫注於四梢，達到固本榮枝的目的。

中醫經絡學說一直很重視人體的四肢末梢，認為手腳的末梢是十二經絡的終點和起點的連接處。所以，經常堅持練習肩、肘、手、胯、膝、足等部位的纏絲功動作，有

助於十二經絡的暢通和內氣的循環運行。

　　功夫較深者練習太極纏絲功時，則能進一步地體感到，胳膊和腿內猶如有水銀流動一樣，沉穩而敏捷。在意念導引、呼吸配合、動作相助下，氣沉丹田時，還能體感到丹田內氣動，丹田內氣旋轉，丹田內氣鼓蕩等現象。

　　其功效在於能使膈肌產生上下運動，胸壓和腹壓交替變化，促使五臟六腑進行自我按摩運動，五臟六腑是十二經絡的大本營，這樣更有助於十二經絡及全身經脈的暢通和內氣的循環運行。

　　因此，經常堅持練習太極纏絲功，對防治由於經絡系統內氣運行不暢所產生的氣滯、氣虧、身冷、手腳發涼等等現象，尤為有效。

五、促進消化系統

　　太極纏絲功採用腹式呼吸、氣沉丹田的方法，可使支配內臟器官的神經產生興奮，膈肌活動幅度明顯增大，活動範圍是平時的 3～4 倍。改善了腹肌的收縮與舒張，因此，增強了腹腔內壓，使腹部溫度增高，促使胃、腸、肝、腎、膀胱隨之產生自我按摩式運動。從而提高胃腸道平滑肌的張力和收縮力，加速胃腸的蠕動，促進胃腸消化液的分泌，加強了消化、吸收和排泄功能。

　　練功時有口液增多和腸鳴感的現象，就是促進胃腸消化能力的表現。

　　因此，經常堅持練習太極纏絲功，具有促進消化系統功能、改善體內物質代謝的作用。對防治由於消化系統病變所產生的疾病，例如胃痛、消化不良、食慾不振、便

秘、小便不利等等，均有良好的功效。

六、鍛鍊肌肉組織

肌肉的基本特徵是收縮與放鬆，收縮時肌肉縮短，橫斷面增大，放鬆時則相反。肌肉組織的物理特徵是伸展性與彈性。練習太極纏絲功螺旋纏繞式的動作，能使全身各部位的肌肉群總是絞來絞去，都能參加運動。這種鍛鍊方式不像舉重、投擲、健美等競技體育運動那樣，給肌肉以強烈的刺激，使局部肌肉僵硬和隆起。

太極纏絲功鍛鍊肌肉的方式，是在意、氣、形合一的狀態下，一鬆一緊，一剛一柔，一收一放，一開一合，交替變化運動中進行的，從而使全身的肌肉得到均衡的鍛鍊。所以，這種獨特的鍛鍊肌肉的方式，能促進血液循環加快，從而使肌肉需要的氧氣和營養物質得到及時的補充，促進乳酸等代謝產物的吸收和排泄，提高肌肉的運動能力，使肌肉勻稱豐滿，柔韌而富有彈性。

由於肌肉收縮與放鬆、伸展性與彈性的增強，對關節和骨骼的牽拉作用也得到了加強，使骨的形態結構和性能都產生良好的變化。運動時可減少肌腱和骨之間的摩擦，提高運動的轉換能力。

因此，經常堅持練習太極纏絲功，能使習練者較快地掌握新的動作要領，促進演練太極拳套路的動作更加協調優美、舒展大方。對防治由於肌肉組織病變所產生的疾病，例如肌肉酸痛、肌肉痙攣、肌肉勞損、肌肉萎縮、肩背痛、腰腿痛等等，尤為有效。

七、加強關節活動，堅固骨骼

練習身體九大關節和各部位太極纏絲功的動作時，由於各關節呈螺旋纏繞式的圓形運動，因此，擴展了關節的活動範圍，增強了關節結構、關節韌帶、軟骨滑膜層、纖維層、半月板、骨膜、關節囊等，起到了保護關節和限制關節的作用。

關節和骨骼呈螺旋纏繞的運動時，能使該部位周圍的肌肉、韌帶、肌腱、神經、血管、經絡等同時綜合地得到鍛鍊。練功時關節處有時發出「格格」響動的聲音，就是促進關節轉化運動的良好反應。長此以往，能使關節之間、骨與骨之間的連結更加穩固，骨密質增強面堅固，促進骨液分泌，對骨質營養的吸收和病變的修復，預防骨骼老化、變形，起著重要的作用。

經常堅持練習太極纏絲功，使關節的穩固性、柔韌性和靈活性增強了，能提高太極推手技擊和防守的有效率，還能提高關節和骨骼的抗折、抗彎、抗扭轉方面的性能，達到減輕衝撞和震動的作用。對防止由於骨質病變所產生的疾病，例如關節炎、頸椎病、骨刺、骨質增生、椎間盤突出等等，均有良好的功效。

綜上所述，可以看出練習太極纏絲功與體育運動的根本區別在於，體育運動著重鍛鍊有形結構，而太極纏絲功在鍛鍊有形結構的同時，又著重鍛鍊無形物質精、氣、神，並由無形物質的變化而改進有形結構。兩者的鍛鍊方式完全不同，所以，練習太極纏絲功具有一般體育運動鍛鍊所達不到的功效。

第二節　順纏和逆纏

太極拳中的纏絲運動有順纏和逆纏之分，現將身體各部位順纏和逆纏的表現形式加以闡述。

一、以局部關節或部位為例。某關節或部位呈圓周運動時，根據運動方位的變化，凡是按順時針方向旋轉為「順纏」，同時內氣相隨而旋。（圖2-1）

凡是按逆時針方向旋轉為「逆纏」，同時內氣相隨而旋。（圖2-2）

圖2-1　順　纏

圖2-2　逆　纏

二、以胳膊為例。拳（掌）由內向外呈螺旋式擊出時為「逆纏」，同時內氣相隨而至。（圖2-3）

拳（掌）由外向內呈螺旋式返回時為「順纏」，同時內氣相隨而歸。（圖2-4）

圖2-3　逆　纏

圖2-4　順　纏

三、以腿為例。腳由內向外呈螺旋式蹬出時為「逆纏」，同時內氣相隨而至。（圖2-5）

腳由外向內呈螺旋式返回時為「順纏」，同時內氣相隨而歸。（圖2-6）

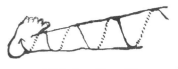 

圖 2-5　逆　纏　　　　　圖 2-6　順　纏

四、以腰為例。腰按順時針方向旋轉時為「順纏」，同時內氣相隨而旋。（圖2-7）

腰按逆時針方向旋轉時為「逆纏」，同時內氣相隨而旋。（圖2-8）

 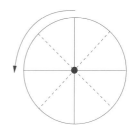

圖 2-7　順　纏　　　　　圖 2-8　逆　纏

五、以軀幹為例。軀幹由下向上呈螺旋式上升時為「逆纏」，內氣相隨而升。（圖2-9）

軀幹由上向下呈螺旋式下降時為「順纏」，同時內氣相隨而降。（圖2-10）

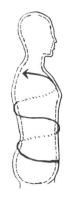

圖 2-9　逆　纏　　　　　圖 2-10　順　纏

　　綜上所述，凡是「逆纏」式的進攻動作，為動分，為離心力，丹田內氣運至四梢，以肩催肘，以肘催手，以胯催膝，以膝催足，為呼氣，為發勁。凡是「順纏」式的化解動作，為靜和，為向心力，四梢之氣歸返丹田，以肩帶肘，以肘帶手，以胯帶膝，以膝帶足，為吸氣，為蓄勢。

　　太極拳中的纏絲運動雖然有多種多樣的變化，但是，歸納起來有一順一逆纏絲、雙順纏絲和雙逆纏絲三種組合方式。

第三節　纏絲功

　　纏絲功是練習太極拳和推手既科學又獨特的訓練方法。練習太極拳和推手須明纏絲勁，不明其理就不懂其法，只懂纏繞而不具纏絲內功就不能克敵制勝，專求纏繞而不修練太極內功乃捨本而求末。

　　什麼是纏絲勁？纏絲勁是隱於體內，入於骨縫，循經

走脈，纏繞運行而流布全身的一種內功。

怎樣求纏絲勁？外循螺旋內合纏絲，使螺旋之外形合於纏絲之內氣，久而久之即可形成混元之氣。內纏外繞、外呼內應互為表裏，以獨特的纏法結合內氣的導引，使練習太極拳和推手時達到表裏一致，內外相合，周身一家，久久練習即可形成纏絲內功。內功是纏絲勁形成之基礎。纏絲勁是太極拳和推手運動法則，運用於外則是螺旋運動，隱於內則是纏絲內勁。

太極拳和推手中的螺旋纏繞運動，是在思想意識的指導下，以內勁作動力，由旋轉催動外形，形成圓形或弧形運動，以達到身體各部位的虛實轉換，是太極拳和推手中的精華所在。

太極拳和推手中的纏絲大致分為裏纏、外纏、大纏、小纏、左纏、右纏、上纏、下纏、前纏、後纏、正纏、斜纏等等表現方式。但歸納起來可分為兩種：一是順纏，二是逆纏。練習太極拳和推手時都要做螺旋式纏絲、伸縮而形成圓形運動。大家知道圓形承受力最大，因為圓形運動可以改變外來力和自身力的角度和方向，還可以改變運動速度。

纏絲勁的運用及提高有以下幾個轉變過程，先練由大圈至中圈，再由中圈變小圈，直至達到有圈而不見圈，有形而不見形的精深功夫。這樣在推手時就能達到力發一點、點點透骨了。這是纏絲勁高深功夫的表現。

打一比喻，如果我用 2.5 千克重的棉被來打你，你不會感到害怕，不會感到會傷害自己，反過來如果我用同樣重的 2.5 千克鐵砣來打你，你就會馬上意識到身體或生命

受到威脅了。

　　這是什麼原因呢？這就是同樣的重量只因為體積變小而力量集中了的緣做。所以，會在小的體積上產生出巨大的能量與穿透力。這樣的效果運用於太極推手中叫力發一點、點點透骨。它在推手技擊搏爭之中，能起到以小力破大力、以弱勝強、四兩撥千斤的作用。此功法是練習太極拳和推手的重要技術，也是基本功。

　　纏絲勁能夠使全身內外一動無有不動，在同一時間內綜合地完成神經、呼吸、循環、經絡、肌肉及五臟百骸系統的鍛鍊，堅持練習纏絲勁可內練精氣神，外練筋骨皮。通經絡入骨髓，氣達周身形成一種混元氣，運用在太極拳和推手上可處處體現環形運動。使頸、胸、腰、腹、臀、肩、肘、腕、胯、膝、足處處纏絲，使全身上下 18 個關節部位形成 18 個小球，多方位地同時順逆螺旋纏繞，從而使全身成為一個動靜相兼、蓄發相變、內外合一、上下相隨、周身一家、混元一體的一個大的太極球。

　　在推手技擊時就能一動一太極，一觸即旋轉。快觸則快轉，慢觸則慢轉。形未動意先動，彼微動己已轉，一動無有不動之處，陰陽虛實變換自在其中。觸轉時，陰面為引空，陽面為進擊，稱之為「引進落空合即出」。形成化中有發、發中有化的亂環圈。又由於丹田呼吸練成的先天之氣，使太極球中充滿了混元氣，周身形成一種氣膜，神氣護體，內勁渾厚，使之破之不開，撞而不散。

　　發動時以意氣鼓蕩丹田，就能在接觸點上形成有彈抖勁或崩勁的亂環圈，勁發一點，點點透骨，而攻無不取、無堅不摧，運轉自如後隨心所欲，臨陣交手，使對方如臨

漩渦之中，而我如同不倒翁而立於不敗之地。

練習太極拳和推手非常注重腰脊的螺旋纏繞，而胸腹的折疊開合也是太極拳和推手的一個突出特點。在腰脊螺旋升降運轉之中，胸腹相開，由裏而外為逆纏；胸腹相合由外而裏為順纏。

練習太極拳和推手時的每一招每一勢總是以腰脊的螺旋纏繞開合折疊主宰全身肢體的螺旋運化。或一順一逆，或雙順雙逆，或順纏左下合，逆纏右下開。右胸和左腹斜向相合相開，渾身俱是纏絲勁。似蛟龍左旋右轉，似麻花亦絞亦擰，似漩渦湍流急轉，又似大海波濤翻滾。運化全在胸腹之間，是以身軀的纏繞運化最為重要，纏絲內勁皆源於此。故拳經云：「渾身俱是纏絲勁，大約裏纏、外纏，皆是隨動而發」，「其勁皆發於心內，入於骨縫，外達於肌膚」。五臟藏於胸腹，經絡源於五臟，心為一身之主，腹為內氣之源，腰為發動之機，胸為運化之府，脊為督氣之徑，肢為運動之道。

練習太極拳和推手時如氣海不做吸引、胸腹不做開合，則中氣就不能達於丹田，經脈也難以溝通。故外則由腰脊的螺旋運轉、胸腹的折疊運化來帶動肩、肘、腕、胯、膝、足和項的螺旋運動，由頭頂至足上下相隨，螺旋升降，一動無有不動之處，一纏無有不纏之處而形成 18 道螺旋之圈；內則以心神為君，腎間動氣，發於丹田，貫於經絡，行於經脈，入於骨縫，達於四梢。纏繞運行使之周流全身，而又復歸丹田。

其重要者，即氣不離丹田。諸靠纏繞心身一家，可練至一粒混元之氣，形成一股而非幾股的纏絲內勁，可見內

纏外繞最為重要，也最為基本。

要想明其理、懂其法並應用之，須有明師指導引路，再經過長期認真刻苦研練，功到自然成，就一定能掌握並運用好纏絲勁。

纏絲功歌訣

太極亂環應求精，上下相隨妙無窮；
引彼深入亂環內，四兩可撥千斤動；
手腳齊進橫有豎，縱放屈伸不露形；
螺旋纏繞是真訣，左顧右盼莫丟頂；
三節發力螺旋勁，精神領起勢要驚；
內講混元氣固本，外有身法八方迎；
上驚下取君須記，乘虛巧取任意行；
閃展騰挪多變化，引進落空箭出弓；
欲知環中法何在，發環落點即成功。

第四節　抓住丹田練內功

太極拳是內家拳，特別注重內功的修練，以功為本的思想貫穿於整個太極拳和推手運動的始終。拳諺所述「練拳不練功，到老一場空」，「力不敵法，法不敵功」，講的就是修練內功的重要性。所以，「抓住丹田練內功」是求學太極拳和推手的根本所在，是修練太極功夫各項內容中的核心。

內功的實質就是意氣相合、神氣合一，內功的物質基礎是精、氣、神。內功的品質取決於習練者本身的精、

氣、神的品質，所以欲提高內功，首先應從培養壯大精、氣、神入手。精足則氣足，氣足則神旺，神旺則形全，以養為主，養練有機的結合是修練功夫的內涵。其關鍵在於要「抓住丹田練內功」。要氣氣歸根，根在丹田。這是修練丹田的要訣。

抓住丹田練內功就是以心為主宰，開合、收放、出入皆在丹田。想開時主動，則氣出丹田運行四肢。想合時主靜，則氣由四梢歸合於丹田。前進時則氣由命門湧向肚臍。後退時則氣由肚臍引至命門。左旋時，則丹田左轉，氣沿帶脈左轉圈。右轉時，則丹田右轉，氣沿帶脈右轉圈。中定時，則上、中、下三丹田中氣貫通。周身纏絲旋繞皆與丹田內轉相合，意念、動作、呼吸的開合收放也要配合丹田的開合收放。

要意、息、形相依，勢勢歸根，息息歸根，氣氣歸根，根在丹田。氣氣歸根其意就是意想著丹田的呼吸，耳內聽丹田的呼吸，眼內看丹田的呼吸，三性歸一意守丹田。意、息、形相依而歸根，神氣合一在丹田。久之則丹田內生氣，氣滿丹田，丹田自壯，氣血旺盛，周流全身，榮華四梢，內強外壯，生機勃勃。

修練丹田還要會練會養。所謂養，即養氣、養精、養神，為首要。十年練功要十年養氣。氣以直養而無害，久久養練形成浩然正氣。

氣血者，吸天陽以養氣，吸地陰以養血，氣為主而血為配，「有形之血生於無形之氣，有形之血不能速生，無形之氣則當早固」。氣化物生，氣盛物壯，氣正則物和。所以氣應養。精足則氣足，氣足則神旺，所要靜心安身，

清心寡慾，固精養精保精，精氣充滿而不外泄，練精化氣，還原於身。念止神來，念動神離，心靜則神寧，靜心能養神。所以練習內功時，心要靜，靜養精，靜養氣，靜養神，靜才能三性歸一意守丹田練內功。

求學太極內功時動作宜慢不宜快，因慢練而養氣，慢練能形與氣相合。所以練功須從無極始緩慢而動，至收功結束，默默停止，形似潺潺流水，又似和煦春風，柔順和緩，沉穩兼備。每招每勢均要緩慢，開展時要緩慢，沉合時要緩慢，一起一落要緩慢。總之，慢能思上下左右是否相隨，慢能感知內外是否六合為一，慢能求神氣不斷，慢能求周身一家。

心靜慢練，隨著外形動作和緩而動，引動內氣於體內緩緩而行，使意氣相合，神形合一，順其自然之勢，合其混元之道，達至物我兩忘之境。

待丹田內氣修練至充實飽滿以後，便可體感到腹內似有一球狀物，在太極拳和推手發勁動作時，丹田球也相隨進行前後鼓蕩運動。隨太極拳和推手旋轉動作時，丹田球也相隨而轉動，慢動則慢旋，快到則快旋。旋轉時陰面為引空，陽面為進擊，丹田球旋轉一擊即為引進落空的全過程。真可謂化中有發，發中有化，一動一太極。修練內功達到此水準後，方能真正地體感到內外合一、表裏一致高深境界的練功效果。

綜上所述，太極拳是意氣運動，練習太極拳和推手是調整形與氣關係的過程，形是方法而氣是內容。對太極拳和推手的認識與修練，如果僅僅停留在外形上，則是沒有抓住實質，只是初級階段的效應。只有深入提高了內功

「氣」的層次，才能達到意氣形合一。修練太極拳和推手達到高級階段時是「內形」運動，此時才能真正掌握太極拳和推手的運動規律。

第五節　循時修練

據易經之理，一年分四季、十二個月，有二十四節氣。氣候不同，自然界陰陽消長亦在隨之而不斷的變化。其變化必然影響到人及物。春長，夏旺，秋收，冬藏。因此修練者應當參照一年四季十二個月的陰陽變化而有規律地進行練功。

春夏兩季練功應以養陽為主。秋冬兩季陽氣潛藏，練功應以養陰為主。陰得養則陽潛而內藏，保持生命之能力，以待春季來臨，生機萌發。故內經云：春夏養陽，秋冬養陰。其意是春夏是陰消陽長之時，所以春夏練功應選擇在六陽之時，秋冬是陽消陰長之時，故秋冬練功應選擇在六陰之時，順應自然界天地氣候變化而修練。

據易經之理，一日分為十二個時辰，十二個時辰之中，子時為陰極而陽生，陰消陽長，從子時起，丑、寅、卯、辰、巳六時辰為陰氣漸消漸衰，而陽氣漸生漸盛，所以稱為六陽時。午時為陽極而陰生，陽消陰長，從午時起，未、申、酉、戌、亥六時辰是陽氣漸消漸衰，而陰氣漸長漸盛，所以稱為六陰時。

循時練功之意，是根據一年之內不同的季節變化和一日之內不同時辰的陰陽消長變化規律而修練。循天地自然界變化之理，人相應地協調陰陽，選擇適合自己情況的季

節時辰來練功。此名為生氣之時和同氣之時。以取外而補內，疏通經絡，促進氣血運行。

練功時間與方位，來源於古典名著《內經》中的子午流注學說。它是根據自然界的一切事物有規律的週期性的變化，研究人體生理機能活動、病理反應變化及與自然界週期性同步變化的關係。基本內容有臟氣法、五輸配五行、經絡氣血流注有時等等。

子午流注，具有陰陽、時間、方位變化的含義。如一年分為春、夏、秋、冬四季；一日分為早、中、夕、夜，子、午、卯、酉等時。子時為陰盛之時，陰極則陽生。午時為陽盛之時，陽極則陰生。卯、酉為陰陽各半、陰陽平衡之時。子午為經，指南北、上下方位。並與南北極磁場相關。卯酉為緯，指東西、左右方位。流注本指自然界水之流動轉注，而在氣功修練時，則指人體內氣血流動循環變化。

因人本身有一個生物鐘，生理變化和生活規律是與自然界變化規律相吻合的。經絡的開合又是隨時間而變化，與自然界變化規律相吻合的，所以在與臟腑經絡相通應的時辰（時間）練功，功效會更好一些。

例如，午時 11：00～13：00，此時與心氣相通，是心經氣旺之時，調養心臟功能應選擇在此時練功。又如，酉時 17：00～19：00，此時與腎氣相通，是腎經氣旺之時，調養腎臟功能應選擇在此時練功等等。如此類推。

下面是各臟腑氣旺的時間表：

膽經旺於子時　　　　23：00～1：00

肝經旺於丑時　　　　1：00～3：00

肺經旺於寅時　　　　3：00～ 5：00
大腸經旺於卯時　　　5：00～ 7：00
胃經旺於辰時　　　　7：00～ 9：00
脾經旺於巳時　　　　9：00～11：00
心經旺於午時　　　11：00～13：00
小腸經旺於未時　　13：00～15：00
膀胱經旺於申時　　15：00～17：00
腎經旺於酉時　　　15：00～17：00
心包經旺於戌時　　19：00～21：00
三焦經旺於亥時　　21：00～23：00

子時氣血流注於膽

膽者，中正之官，決斷出焉，屬木，肝之腑也，為中清之府，十一絡皆取決於膽。人之勇，祛邪正於此，故從膽，有膽量方足擔天下之事。膽主仁，故以膽斷之。膽附於肝之短葉中，仁者無窮也，屬足少陽之脈，少血多氣。

丑時氣血流注於肝

肝者，將軍之官，謀慮出焉。肝木臟，魂所藏，居於膈膜之下，亦有系絡，上擊下心包，其經葉中有膽附焉。蓋肝者幹也，以其體狀有枝幹也，其合筋也，其容爪也，開竅於目，屬足厥陰之脈，多血少氣。

寅時氣血流注於肺

肺者，相傳之官，治節出焉。肺為金臟，魄所藏，為

五臟之長，心之蓋生氣之原，上接喉竅，下覆諸臟，主呼吸出入，為人身之菅蓋。肺者沛也，中有二十四孔，分佈清濁之氣，以行於諸臟，使沛然莫禦也，其合皮也，其索毛也，開竅於鼻，屬於太陰脈，少血多氣。

卯時氣血流注於大腸

大腸者，傳道之官，五味出焉。屬土，脾之腑也，故從田。田乃五穀所出，以為五穀之市也。又胃者術也，水穀入胃游溢精氣，上出於肺，暢達四肢，布護周身，足以衛外而固也，上接喉竅，居於膈膜之下，其左有小腸，屬足陽明之脈，多血少氣。

辰時氣血流注於胃

胃居中焦，五行亦屬於土。《靈樞‧玉版》曰：胃能容受消化，欲食以生氣血。胃者，水穀氣血之海也。《素問‧玉機真藏論》中說，五臟皆稟氣於胃，胃為五臟之本也，胃氣以降為順。

巳時氣血流注於脾

脾居膈下，位於中焦，為陰中之至陽，在五行中屬土，主至於長夏。脾為後天之本，氣血生化之源。脾氣主升，脾主運化，有流攝血之功能。脾主肌肉，其華在唇，開竅於口。《靈樞‧本神》曰：因志而存變，謂之思，思為脾之志，少血多氣。

午時氣血流注於心

心者，居主之官，神明出焉。心火臟，故不欲。其炎上蓋，心者新也，心主血脈，日新，新新不停，則為平人，否則病矣。其合脈也，其榮色也，開竅於舌，其位居於肺之下，心包之上，其有系絡上擊於肺。凡脾、胃、肝、兩腎、膀胱各有一系絡，擊於包絡之旁以通於心，故包絡為心之外衛，心為五臟六腑之君主，屬於少陰之脈，少血多氣。

未時氣血流注於小腸

小腸者，受盛之官，化物出焉。屬火，為心之腑，居於胃之左，上接於胃，其下即大腸、膀胱，門之精者出大腸，清者滲入膀胱。蓋人納水穀，脾化氣而上升，腸則化而下降。以腸者暢也，所以暢達胃中之氣也，暢通則為平人，否則病矣。屬於太陽脈，多血少氣。

申時氣血流注於膀胱

膀胱者，州都之官，津液藏焉，氣化則能出焉，屬水為腎之液，蓋膀胱者，膀胱光也。言氣血之元氣足，則津液旁達不竅，而肌膝皮毛皆因以光澤也。為足太陽之脈，多血少氣。

酉時氣血流注於腎

腎者，作強之官，伎巧出焉。腎，水臟，藏精與志，為先天之本，精神之含，性命之根也。蓋腎者引也，能到

引氣通幹骨髓，又腎者任也，主骨即任因房之事，故強弱之其合骨也，其榮發也，開竅於二陽。屬足少陰之脈，少血多氣。

戌時氣血流注於膻中（心包絡一名手心主）

膻中者，臣使之官司，樂出焉。為水臟之外衛，故曰相火。代君王而行事，亦有主名，保以擊之以手，蓋以平厥陰之脈，出屬於心包手三腸之脈，散絡心包是手與心主合，所以心包絡稱心主五臟，加此一臟實六臟也，即手厥陰足絡，多血少氣。

亥時氣血流注於三焦

三焦者，決三實之官，水道出焉。屬火，為心包絡之腑。蓋焦者熱也，三者上中下三焦之氣也，滿腔中熱氣布護始能通水道。上焦不治則水流高源，中焦不治則水流中腔，下焦不治則水亂二便，三焦氣治則脈絡通，而水道利。故曰，決三實之官。屬於少陽脈也，少血多氣。

但是修練氣功不必拘泥於此，對於練功時辰的選擇，古人又多強調在子午卯酉四時來修練，稱之為四正時。並把此四時比喻為：朝晨為春，日中為夏，日入為秋，夜半為冬。子時屬陰，陰氣正盛，為陰極陽生之時。一陽生五陰降，一陽生於五陰之下，自然界陽氣來復，天地人相應，可助人身元陽之氣發生，可助腎水上升、精化為氣。故道家氣功重視子時練功，子當生火、起火、進火煉丹。子時練功主靜，此時修練應以靜功為主，以動功為輔。**練功方位：面朝北。**

午時屬陽，陽氣正盛，為陽極陰生之時。一陰生五陽降，此時人身之氣正走於心經，心為陽中之陽，兩陽相合，陽氣必然亢盛，但此時一陰生陽氣漸漸呈下降趨勢，因陰陽互為其根，所以此時練功必助元陰之氣生長，而收斂亢陽，使諸陽之氣隨一陰潛降而不至於剛燥。此時修練應以動功為主，以靜功為輔。**練功方位：面朝南。**

卯時日出陽進之時，為四陽二陰，陽進陰消，人身陽氣長勢已成。此時練功正助陽氣茁壯成長。卯時在人身經氣正走於胃，胃屬土，土生萬物，胃乃後天之本。道家氣功強調練後天補先天，故重視在卯時修練。**練功方位：面朝東。**

酉時日落夕陽之時，為四陰二陽，自然界氣候由清轉濁，此時練功有助元陰之氣充盛，利於陽氣藏養。酉時在人身經氣正走於腎，腎屬水而藏精，精乃先天之本。腎精外泄成人，閉固修練則精化成氣，陽藏陰中為真陽。故道家氣功修練重視練精、固精、養精，強調在酉時練功。**練功方位：面朝西。**

子、午、卯、酉四時的陰陽變化是自然界陰陽消長的轉捩點。天地人相應，人以天地之氣而生，所以氣功修練順應自然界變化，可促進人體陰陽相互平衡，相互協調。依子午練功是修練心腎，使心腎相交，上下相固，達到水火相濟，是修練小周天功，古時稱之為子午周天。依卯酉練功是修練大周天功，古時稱之為卯酉周天。

第六節　陰陽學說

陰陽學說是古代勞動人民認識自然、利用自然、改造

自然的理論工具，具有樸素的唯物論觀點，也是道家的「道法自然」的核心。

陰陽是劃分和說明兩種既相互統一，又相互對立，既相互依賴，又相互制約的矛盾著的事物的性質和相互間關係的理論。它適用於任何領域。

太極拳、氣功和中醫學引進這個理論，是因為人與自然是一個統一整體，在人體反映著自然界各種變化的結果。人體是一個陰陽相互維繫的整體，保持著與自然界的和諧，維持著正常的生理活動，若陰陽的某一方面發生偏盛或偏衰的現象，就會使陰陽失去相對的動態平衡而發生病變。修練太極拳，可使機體內失去平衡的陰陽在不斷的運動變化中得以調整，恢復平衡，從而達到祛病、健身的練功效果。

無極原指宇宙之初、天地未分、萬物未生之時的景象，形容為空空洞洞，混混沌沌，無色無象，無端無形，無一物而包萬物。無極的本質特徵是「靜」，即內外俱靜。

將無極之理引用於練功，先求靜，靜極則生動，動則產生陰陽。靜為陰，動為陽。靜是本體，動是作用。動從靜中生，陽從陰中來。外靜而內動，外動而內靜，從而達到靜中有動，動中有靜，動靜相兼。不經過靜極生動的無極修練，就不能產生意氣循環運行。所以，我們修練太極拳，應遵循古人傳留下來的「練功須從無極始，陰陽開合認真求」的寶貴練功經驗。

無極生有極，有極生兩儀，兩儀就是陰陽，陰陽便是太極。其理必然是清氣上升為天，為陽；濁氣下降為地，為陰。天陽地陰交合，萬物自生。陰陽的本質特徵是：陰

中有陽，陽中有陰，陰陽相濟，太極為真。古人云「太極者，無極而生，陰陽之母」，即為此理。

中國古人根據陰陽、動靜的運動變化規律，在無極的空圈內畫了一對動靜旋轉開合對稱的黑白魚，分別代表陰陽二氣，黑者為陰儀，白者為陽儀。黑中含一白點代表陰中有陽，白中含一黑點代表陽中有陰，以此來表明陰陽、動靜、開合、旋轉互為其根，互相調濟而滋生萬物的交合之理，這就是相傳至今的陰陽太極圖。

陰陽變化之理大者可比天地，天地為兩極，天為乾而積氣覆於下，地為坤而托質載於上，覆載之間相去甚遠，氣質不能相交，天以乾索坤而還於地中，其陽負陰而上升，地以坤索乾而還於天中，其陰抱陽而下降，一升一降，運其陰陽循環之理，達至陰中有陽，陽中有陰，所以天長地久。天地陰陽交合而生三才，三才者，天、地、人，上天下地人居中間。人稟三才之中氣，為物之最靈。

陰陽變化之理小者可比人身。以心比天，心屬火在上為陽，以腎比地，腎屬水在下為陰。練功時若使心火下降、心腎相交，即可水火相濟，陰陽交合，腎水得心火薰蒸。以氣比陽，以液比陰，氣自液中生，液自心中降，即陰中有陽，陽中有陰，練精化氣，還精補腦。這一升一降，周天得以循環，陰陽得以調和，人自健壯，陰陽調和而生三才，三才者，精、氣、神。神者心中之神，精者腎中之水，氣者心腎之中氣。所以人同天地萬物，都離不開陰陽變化循環之理。

太極拳吸收引用了無極、陰陽、太極的辯證哲理，具備以下幾個特點。

1. 動靜相兼

無極是靜，靜極生動則太極生，太極動靜則陰陽分。靜是陰，動是陽，動從靜中生，陽從陰中來，太極拳不經過靜極生動的無極修練，就不能產生陰陽二氣，而沒有意氣運行的內功，只有肢體的外動，不是真正意義上的太極拳。

太極拳是靜中求動，動中求靜，動靜相兼的運動，無論是先求無極的靜中求動，還是行拳走架的動中求靜；不論是養生保健的靜養靈根，還是推手較技的以靜制動的後發制人，都離不開「動」與「靜」二字，它貫穿於太極拳運動的始終。

2. 對立統一

太極拳每個動作中的開與合、虛與實、動與靜、柔與剛的變化，既對立又統一。一而二是陰陽，二而一是太極。兩者相互聯繫，相互依存，相互作用，使運動處於統一的整體之中。如上與下、左與右、前與後、內與外、進與退、升與降、屈與伸、順與逆、蓄與發等等，離開了對方，自己也就不存在了。所以，太極拳理論中強調遵循「有前必有後，有上必有下，有左必有右，有內必有外」對稱平衡的運動規律。

3. 相互轉化

陰和陽是矛盾的雙方，以各自的對立面為條件，互相影響，互相變化，互相滲透，互相調整，互助互用，互為其根。如太極拳中欲上先下，欲左先右，欲前先後，欲開先合、欲合先開，化剛為柔、積柔成剛，陰中有陽、陽中有陰，開中有合、合中有開，虛中有實、實中有虛，柔中

有剛、剛中有柔，化中有發、發中有化等理論，說明了太極中陰陽互濟、虛實互助、剛柔相濟、蓄發相變、互相轉化的關係。

一切事物的轉換變化，都是由量變到質變的過程。練習太極拳也是這樣。太極拳是意氣運動，由練拳時「三性歸一」式的意守丹田，便能產生靜極生動、動極生靜，意到氣到、氣到力到的練功效果。

又如練習太極推手也是這樣。先由初期水準的「明勁」階段，轉化過渡到中級水準的「暗勁」階段，再過渡到高級水準的化勁階段，功夫得以提高進步的過程，就是由量變到質變，精益求精的轉化過程。

綜上所述，太極拳由於包含了以上幾個特點，所以，練習太極拳和推手的過程就是調整陰陽、動靜、虛實、剛柔、快慢平衡的過程。它貫穿於太極拳和推手運動的始終。

圖 2-11　陰陽變化規律圖示

第七節　太極拳和推手技擊調節
身體平衡的幾個規律

力學中物體有三種基本平衡狀態，即穩定平衡、不穩定平衡和隨遇平衡。

人體運動與物體平衡的區別在於，人體運動中可以由調整肢體各部分的活動來維持平衡狀態，即使有超出了中正範圍的現象時，也可以由調整身法、步法、手法，使之重新納入中正範圍之內。太極拳和推手技擊時保持身體平衡的方法有以下幾種。

一、穩定平衡

把錐形體像塔一樣地放置正直，其圓形底面平穩地放在地面上，尖端朝上，這時重心較低且重心的投影點處於圓形底面正中，上輕下重，穩定性極佳，故稱「穩定平衡」。（圖2-12）

太極拳和推手時的穩定平衡表現為，不論進、退、顧、盼、定，都能做到立身中正、不偏不倚、上下相隨、周身協調一致地保持相對的穩定狀態，均屬此類。

二、不穩定平衡

把錐形體顛倒過來，使之尖端朝下，底座朝上，此時底盤只有立錐之地，它的重心很高，頭重腳輕，以致只能有不穩定的、極短暫的平衡，故稱「不穩定平衡」。（圖2-13）

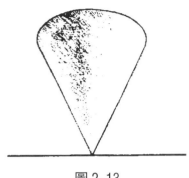

圖 2-12　　　　　　　　圖 2-13

　　太極推手技擊有時出現的前傾、後仰、左歪右斜、身體處於失重的狀態下都屬於不穩定平衡之列。這種情況除了運用步法進行調整之外，還可以運用跨跳、彈蹦、旋轉等方法，使身體騰空，並爭取在落地時，將自己的身體重心重新調整到立身中正的範圍。這樣才能達到拳論所述：「平衡之中有攻守，積極平衡，處處主動，消極平衡，處處被動。」

三、依託平衡

　　用單向或雙向依託構成聯合底盤，來取得暫時平衡。例如，我們站在公共汽車上，當遇到緊急情況剎車時，隨之產生的慣性會使身體迅速向前傾斜，此時如不扶靠物體，嚴重時有跌倒的可能；如手扶物體或身體靠物，又可重新恢復到平衡狀態。這就是依託平衡原理在日常生活中的一些現象。

　　太極推手技擊時，有些技擊動作就是根據平衡原理來調整身體，使之重新恢復到平衡狀態的。

　　推手時，當對方以捋勁的方法，將我身體重心牽引出了中正範圍時，身體迅速向前傾斜，在嚴重失重的狀態下，我

運用調整步法迅速跟進，以身、肢依靠在對方身體上的辦法，取得暫時的平衡，再用擠勁的方法轉守為攻，既能達到調整、恢復自身的平衡狀態，又能達到攻擊對方的目的。此方法就是依託平衡原理在太極推手技擊中的實際應用。

但是，運用依託平衡時，必須注意要應用得恰到好處，同時要提防對方「把拐棍撤掉」放空勁，使自己發生跌撲。（圖 2-14、圖 2-15）

圖 2-14

圖 2-15

四、撞碰平衡

指借用物體碰撞產生的反作用力，使之恢復到平衡穩定的狀態。

太極推手技擊時，有些技術動作就是根據力學中的撞碰平衡原理，進行調節、恢復，以保持身體平衡狀態的。例如，推手時當對方以採勁的方法，將我牽引落空後，身體重心出現嚴重傾斜，我將有撲跌在地的危險。此時，我如能及時調整步法，順勢迅速跟進，並以向前撲推或衝撞對方的方法，既能調節、恢復自身的平衡狀態，化險為夷，又能達到積極主動地進攻對方的目的，反敗為勝。此方法就是撞碰原理在太極推手技擊中的實際應用。（圖2-16、圖2-17）

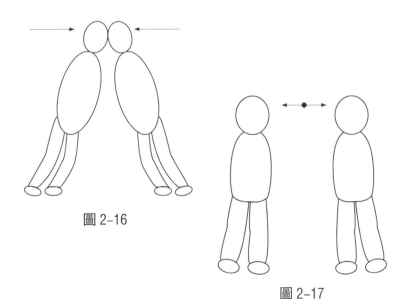

圖 2-16

圖 2-17

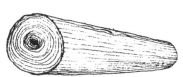
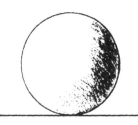

圖 2-18　　　　　　　圖 2-19

五、隨遇平衡

　　猶如球形物或把圓木棒橫放，不管它如何滾動，重心都保持在一定的高度不變，故稱「隨遇平衡」。（圖 2-18、圖 2-19）

　　力學原理使我們懂得，圓形承受力最大，受阻力最小，圓形運動可以改變外來力和自身力的角度和方向，還可以改變運動的速度。

　　練習太極拳和推手時強調的處處走弧形，動作要圓滿、靈活、不凹不凸、勿有缺陷、不起棱角，一身備五弓，力撐八面和纏絲功的應用方法等等，都是圓形運動規律在太極拳中的實際應用。

　　又如在太極推手當外來力推來時，「以腰為軸」式的身軀向左右旋轉時的化勁；當發生跌撲的情況時，借用團身滾翻來保護自己，並能調整到平衡狀態，以利再戰。螺旋纏繞式的纏絲功在推手中的運用，都是圓形運動規律、隨遇平衡原理在太極推手中的實際應用。雖然形式上身體各部位的旋轉變化和兩腳隨機應變的虛實轉換與隨遇平衡有所不同，但卻有著相類似的實際效果。

太極拳和推手技擊對稱協調平衡的內在規律，可以總結為以下五個方面：

（一）意欲向上，必先寓下。

（二）意欲向左，必先右去。

（三）前去之中，必有後撐。

（四）上下左右，相吸相繫。

（五）對拉拔長，曲中求直。

這五個對稱協調平衡方面的規律，可運用於太極拳和推手的動作中。由於具體動作技術要領細緻複雜，學練的人不經過有經驗的老師親自示範和指導，是不容易摸索出來的。然而，太極拳的技術複雜難練之處，也正是它的引人入勝之處。

第八節　太極拳推手技擊三道防線和三盤的劃分

一、太極拳推手技擊進攻與防守的三道防線

圖 2-20

（一）技擊與防守的第一道防線為「手與腳」。

（二）技擊與防守的第二道防線為「肘與膝」。

（三）技擊與防守的第三道防線為「肩與胯」。

太極理論稱：「遠拳，近肘，貼身靠。」將技擊與防守的距離劃分為「三道防線」。（圖 2-21－圖 2-23）

圖 2-21

圖 2-22

圖 2-23

二、太極拳推手技擊三盤的劃分

（一）肩鎖關節連線以上為「上盤」。

（二）肩鎖關節連線以下至肚臍一周以上為「中盤」。

（三）肚臍以下至腳為「下盤」。見圖 2-24。

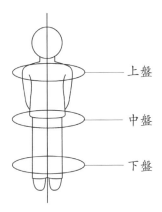

圖 2-24

太極推手技擊理論中有「上盤主手法，中盤主身法，下盤主步法」「頭頂太極」，身揣五行，腳踩八卦」之論。

第九節　太極拳以腰脊為軸，一觸即旋的圓形運動之理

太極拳理論中強調「以腰脊為軸，一觸即旋」之理，在於人體是由多軸線組成的，肢體的每一個環節都能做局部旋轉運動。纏絲功就是基於此理來調節身體各部位、各關節之間的旋轉運動。但從整體的旋轉運動來講，運用的有四種基本軸。

一、縱　軸

從頭到腳，垂直地貫穿在身體中央，即太極拳理論中強調的「上下一條線」（中正線）。（圖 2–25）

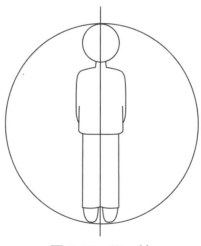

圖 2-25　縱　軸

二、橫　軸

　　呈水平地貫穿於身體左右一線。橫軸用於推手技擊，當前傾時用於前滾翻，當後仰時用於後滾翻，以此來調節身體保持平衡的狀態。（圖 2-26）

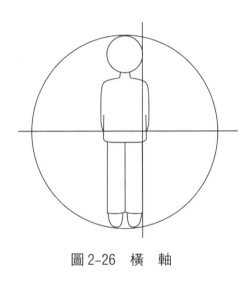

圖 2-26　橫　軸

三、矢　軸

　　呈水平地直貫於身體的前後一線。用於向左右進行閃展騰挪時之用。（圖 2-27）

四、副　軸

　　人體能夠做局部旋轉的軸。例如頸、脊、腰、肩、肘、腕、胯、膝、足等等，稱之為「副軸」，在練習太極拳和推手技擊時廣泛地得到應用。（圖 2-28）

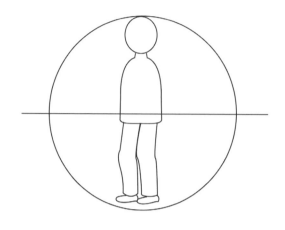

圖 2-27　矢　軸

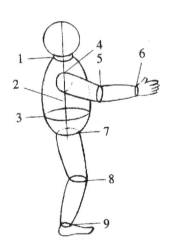

圖 2-28　副　軸

　　首先我們要弄懂軸的運動原理，軸是貫穿於旋轉物體的一條無形的直線。不管這個物體是否安裝了有形的軸（例如電機、汽車、飛機等），還是根本看不見的軸（例如人體、動物、球形物、星球等），只要它能旋轉，就必

然有一根無形的軸貫穿在這個旋轉物體的中心。凡是旋轉物體，不管它是在地面，還是在空中，它至少要圍繞一個軸來旋轉，這時才能形成旋轉運動。在旋轉時，軸與周圍的旋轉體是成直角的。

練習太極拳和推手技擊中，人在地面上呈水平旋轉時，軸通過人體的支點和重心，又稱之為「中軸」「垂直軸」或「立軸」。這個從頭到腳的中軸，正是在太極理論中反覆強調的「以腰脊為軸」，也是在練習太極拳和推手技擊時運用最為廣泛的軸。運動中只要腰脊經常保持正直，中軸自然也隨之正直。這時腰的左旋右轉，以至做任何幅度的旋轉，都能穩定而得力。

就像門軸一樣，軸的正直與否，直接影響到門的平衡。如果中軸不正，立身就必然歪斜。這樣人體便會處在不穩定、不平衡的狀態之中，自立不穩又如何能進行對抗性的推手技擊呢？

所以，太極拳理論中強調並重視「以腰脊為軸，一觸即旋」的圓形運動之理。

第十節　三節四梢，五弓六合

練習太極拳和推手技擊須知身法中有三節、四梢、五弓、六合之分。

三　節

指的是人體有上、中、下三節之分，又有梢、中、根三節之分。而上、中、下中又各有上、中、下之分。梢、

中、根中又有梢、中、根之分。三三共為九節。

頭為梢節，胸為中節，下丹田為根節，這是身軀三節，即中三節。手為梢節，肘為中節，肩為根節，這是臂三節，即梢三節。足為梢節，膝為中節，胯為根節，這是腿三節，即根三節。

九節之中各有其竅。中三節三竅：上丹田為梢節竅，中丹田為中節竅，下丹田為根節竅。梢三節三竅：肩井是根節竅，曲池是中節竅，勞宮是梢節竅。根三節三竅：環跳是根節竅，犢鼻是中節竅，湧泉是梢節竅。

練功時在意念的指導下循經走竅，節節放鬆節節貫通。運動起來其要點是起、隨、追三字，即從梢節起，中節隨，根節追，如臂動、身隨、腿追，手動、肘隨、肩追，腳動、膝隨、胯追。使內氣運行於三節，達至於四梢，統歸於五行，貫注於九竅。全身內外、上下、左右、梢、中、根節節貫通總成一節。歸於一氣，表裏合一，入於骨髓，出於骨縫，經丹竅貫經穴通遍周身。

四 梢

指的是人體的四個末梢，即髮（指毛髮、汗毛孔）為血梢，指（手指、腳趾之筋）為筋梢，舌為肉梢，齒為骨梢。四梢能一齊發動起來的具體表現為：髮欲衝冠，指欲透骨，舌欲催齒，牙欲斷金。除此之外，心、膽、氣還須配合，心一動，氣自丹田而出，四梢齊發動，膽量能穩定，五行必合。

拳譜云：「氣至丹田而去，如虎之恨，如龍之警，氣發而為聲，聲隨手發，手隨聲落，一枝動而百枝搖，四梢

齊動鬼神驚。」此說明的是四梢能發動，是練拳或推手達到了有功夫時內功發動的表現。

五 弓

指的是身軀猶如一張弓，兩手為兩張弓，兩足為兩張弓。五弓合一，即為全身的整體勁，「靜如山嶽，動若江河」，能蓄能發，滔滔不絕。「身似弓身勁如箭」，即是指的「五弓合一」。

身弓以腰為弓把，臍後腰脊命門穴始終以意貫注，中定而不偏倚搖擺，放勁時命門穴須往後撐。碰門（頸椎第一節）和尾閭骨為弓梢，上下對稱，調節動度，加強其蓄吸之勢。

手弓以肘為弓把，以意貫注於肘節，使沉著鬆靜而有定向。手腕和項下鎖骨為弓梢，弓梢必須固定，前後對稱；手在鬆柔靈活中用坐腕來固定；鎖骨用意來固定，不使偏倚搖擺；鎖骨管著兩手的動向，鎖骨的固定是兩手固定的前提。

足弓以膝為弓把，胯骨與足跟為弓梢。足弓備，則膝節有力而微前挺，胯骨鬆沉而後撐，足跟下沉而勁往上翻，腰腿之勁自然相順相隨。「有上必有下，有前必有後，有左必有右」，相反相成，對拉勻稱，這樣就能做到勁起腳跟，主宰於腰，通於脊背，形於手指。

五弓以身弓為主，手弓、足弓為輔，是以腰為軸，兩膊相繫，兩腿相隨；上下相隨，中間自然相隨。練拳或推手時每變化一勢，須檢查是否五弓具備，是否形成「八面支撐」的蓄勢。

六　合

指的是內三合與外三合的總稱。

何為內三合？心與意合、意與氣合、氣與勁合為內三合。而心與目合、脾與肉合、肺與膚合、腎與骨合、肝與筋合又稱內合。

何為外三合？手與足合、肘與膝合、肩與胯合為外三合。而頭與手合、手與身合、身與步合又稱外合。

總之，內外合一，上下相隨。所謂「一」者，就是自頂至足，四肢百骸，內有臟腑筋骨，外有肌膚皮肉，內外相合歸於一。一動無有不動之處，一合無有不合之處。五臟六腑身肢百骸，精氣神意在其中貫歸為一。而又上動下隨，下動上領，上下動而中部相應，中部應而上下、內外相合、前後相需、左右相繫，周身一家、渾然一體。

太
極
纏
絲
功

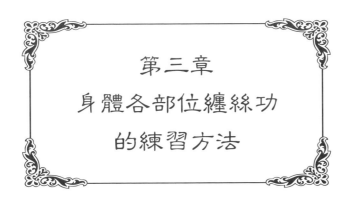

練習纏絲功能達到三個功效

調整身體各部位的關節，使其旋轉自如，加大擴展活動範圍。調整身體各部位的肌肉，使其達到放鬆的狀態。促進演練太極拳套路內外協調，動作更加優美。

練習纏絲功時的螺旋纏繞式的運動和意守部位，有促進氣血運行能力，達到意到氣到，氣到動作到，內外合一的練功效果。這對提高太極拳內功和祛病健身有良好的功效。

經常練習纏絲功能形成一種內外合一、一觸即旋、力發一點、點點透骨、穿透力強的「纏絲勁」。太極推手技擊時，能提高身體各部位技擊和防守的有效率。久而久之，還能達到全身上下都是手，何處挨著何處化，何處挨著何處發，化中有發，發中有化，一動一太極之功效。

第一節　頭　部

一、轉　頭

動　作

　　無極起勢。兩腳與肩同寬而立，雙手自然垂於體側或叉腰，眼睛平視，頭部均勻緩和地向左右轉動。頭肩要保持平直，身體自然放鬆，自然呼吸。如此反覆練習。（圖3-1—圖3-4）

圖 3-1

圖 3-2

圖 3-3

圖 3-4

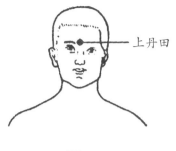

上丹田

圖 3-5

意守部位

上丹田。位置在兩眼正中祖竅穴深處。（圖 3-5）

功　效

有清腦怡神，促進改善大腦血液循環和供氧能力之功效。

提　示

練功者如患有高血壓、頭昏、頭痛等病症，不宜守上丹田時，可以取消意守上丹田的意念，只練習動作。如有不適時，可改練其他動作。

頭部姿勢的正確與否是練習好太極拳和推手動作以及保持立身中正「上下一條線」的關鍵。頭部姿勢正確能有效地防止前俯後仰、左右歪斜之弊病，高度發揮對人體平衡的控制作用。

二、旋　頸

動　作

無極起勢。兩腿與肩同寬而立，雙手叉腰，頸部在頭的引領下，由前向右、後、左沿順時針方向旋轉。轉動時

圖 3-6

圖 3-7

圖 3-8

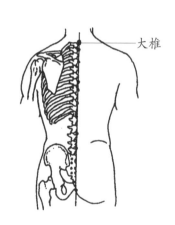

圖 3-9

　　動作要均勻緩和，連貫自如，上身相隨而動。自然呼吸。
如此反覆練習後，再向相反方向練習。（圖 3-6—圖 3-8）

　　意守部位

　　大椎穴。位置在後背正中線上，第七頸椎棘突下凹陷
中。（圖 3-9）

功 效

經常練習頸部纏絲功，有利於頸關節鬆開，加大擴展「以頸為軸」的活動範圍，提高頸關節「一觸即旋」改變勁力方向的靈活性，提高此部位的抗擊打能力。還有改善頸部氣血運行能力之功效。對於頸部疼痛、肌肉緊張、骨刺、落枕、腦供血供氧不足等病症，均有良好的功效。

提 示

做旋頸的動作，上身相隨而動，但不要大幅度地前俯後仰。

第二節 上肢部

一、左右肩旋轉

動 作

無極起勢。兩腳與肩同寬而立，身體重心在左腿，兩手虛握拳於體兩側。左肩由前向上、向後、向下旋轉一周，身體的重心隨動作的變化而升降，自然呼吸。如此反覆練習後，再向相反方向練習。（圖 3-10、圖 3-11）

右肩旋轉與左肩旋轉動作要領相同，唯左右相反。（圖 3-12、圖 3-13）

意守部位

肩井穴。位置在肩上，前直乳中，大椎與肩峰端連線的中點上。（圖 3-14）

功 效

經常練習肩部纏絲功，有利於肩關節鬆開，加大擴展

圖 3-10

圖 3-11

圖 3-12

圖 3-13

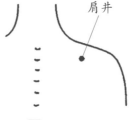

肩井

圖 3-14

「以肩為軸」的活動範圍，提高肩關節「一觸即旋」改變勁力方向的靈活性，提高此部位化勁與發勁動作的有效率和抗擊打能力。還有改善肩部氣血運行能力之功效。並對肩周炎、肩痛等病症有明顯的功效。

提　示

練習纏絲功能提高骨的承受力和韌帶的強度，加強關節之間的穩定性，加大活動範圍。還能增強分泌骨液，滑潤滋養關節、軟骨，緩解骨質疏鬆，預防提前老化。緩解肌肉緊張狀態，增大肌肉的伸展性，增強肌肉的彈性。促進提高局部血管、淋巴管、經絡的氣血循環運行能力，有利於增強局部的營養吸收和調節新陳代謝功能。

二、雙肩旋轉

動　作

無極起勢。兩腳與肩同寬而立，兩手虛握拳於體兩側，隨身體重心緩緩下降，兩腿漸漸屈蹲，同時含胸、沉肩。（圖 3-15、圖 3-16）

隨身體重心徐徐上升，胸部漸漸突起，兩肩圓活地由前向上、向後、向下旋轉一圈，兩臂屈肘相隨而動。自然呼吸。如此反覆練習後，再向相反方向練習。（圖 3-17、圖 3-18）

意守部位

肩井穴。

功效和提示

請參考左右肩旋轉相應項。

太
極
纏
絲
功

圖 3-15 圖 3-16

圖 3-17 圖 3-18

三、左右肘開合纏絲

動　作

　　無極起勢。兩腳與肩同寬而立，兩腿微屈，身體重心
相隨緩緩下降；同時上身含胸收腹，左臂屈肘於胸前，左

肘由前向上、向後、向下旋轉一周，身體重心隨動作的變
化在兩腿之間轉換，自然呼吸。如此反覆練習後，再向相
反方向旋轉。（圖3-19、圖3-20）

　　右肘開後纏絲與左肘開合纏絲動作要領相同，唯左右
相反。（圖3-21、圖3-22）

圖 3-19

圖 3-20

圖 3-21

圖 3-22

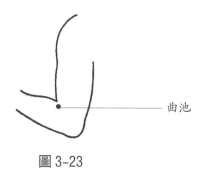

———— 曲池

圖 3-23

意守部位

曲池穴。位置在肘橫紋外側端，屈肘，尺澤與肱骨外上髁連線中點。（圖 3-23）

功　效

經常練習肘部纏絲功，有利於肘關節鬆開，加大擴展「以肘為軸」的活動範圍，提高肘關節「一觸即旋」改變勁力方向的靈活性，提高此部位化勁與發勁動作的有效率和抗擊打能力。還有改善肘部氣血運行能力之功效，並對肘痛、關節炎、胳膊不能上舉等病症有明顯的功效。

提　示

太極拳理論中有「肘不貼肋」的論述，練習肘部纏絲功時要注意肘與肋之間要保持一拳左右的距離。

四、雙肘開合纏絲

動　作

無極起勢。兩腳比肩略寬而立，兩腿屈膝下蹲，身體重心相隨緩緩下降；同時上身含胸收腹，兩手握拳相合於腹下。然後，隨兩臂屈肘相開，由前向上、向後、向下旋

轉一周，身體重心相隨升降，自然呼吸。如此反覆練習
後，再向相反方向旋轉。（圖 3-24一圖 3-27）

意守部位

曲池穴。

功效和提示

請參考左右肘開合纏絲相應項。

圖 3-24

圖 3-25

圖 3-26

圖 3-27

五、左右手搖旋

動　作

無極起勢。兩腳與肩同寬而立，右手叉腰，左手抬至與左肩平，以腕為軸由裏向外旋轉一周，自然呼吸。如此反覆練習後，再向反方向旋轉。（圖 3-28- 圖 3-30）

右手搖旋與左手搖旋動作要領相同，唯左右相反。

意守部位

勞宮穴。位置在手掌中心處。（圖 3-31）

功　效

經常練習手腕部纏絲功，有利於手腕關節鬆開，加大擴展「以手腕為軸」的活動範圍，提高手腕關節「一觸即旋」改變勁力方向的靈活性，提高此部位化勁與發勁動作的有效率和抗擊打能力，並能增強手腕的擒拿與反擒拿技能。另外，還有改善手腕部氣血運行能力之功效。

圖 3-28

圖 3-29

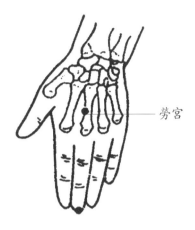

勞宮

圖 3-30 圖 3-31

　　手部的勞宮穴是練習氣功的重要穴位。手又是手三陽經和手三陰經起始連接處，練習纏絲功時的意守勞宮穴和螺旋纏繞的手部動作，能有效地促進氣達手部梢節，使手部的六經之氣順暢地循經走脈。

六、雙手搖旋

動　作

　　無極起勢。兩腳與肩同寬而立，兩臂緩緩向前抬起，兩手以腕為軸，由裏向外旋轉一周。自然呼吸。如此反覆練習。（圖 3-32—圖 3-34）

意守部位

　　勞宮穴。

圖 3-32

圖 3-33   圖 3-34

功效和提示

請參考左右手搖旋相應項。

七、雙臂左右螺旋纏絲

動　作

無極起勢。左腳向左側橫
邁一大步，身體重心向下降在
右腿，吸氣時，左手引領胳膊
在身體前左側旋轉一周。呼氣
時，左手貼著左肋向下穿行，
順左腿而下達至腳面，手心向
上。（圖 3-35—圖 3-37）

圖 3-35

圖 3-36

圖 3-37

　　然後，身體重心由右腿過渡到左腿，吸氣時，右手引領胳膊在身體前右側旋轉一周。呼氣時，右手貼著右肋向下穿行，順右腿而下達至腳面，手心向上。如此反覆練習。（圖 3-38─圖 3-40）

意守部位

勞宮穴。

功　效

　　意到氣到，氣到動作到，內外合一，氣貫三節。提高胳膊整體的防守與技擊功能。

圖 3-38

圖 3-39

圖 3-40

第三節　軀幹部

一、旋　胸

動　作

　　無極起勢。右腳向前邁一步，左腿彎曲，身體重心在左腿，左胸部由前向上、向後、向下旋轉一圈。左手抬至左胸部，隨旋胸的動作而轉動。身體重心隨動作在兩腿之間轉換。自然呼吸。（圖3-41—圖3-43）

圖 3-41

圖 3-42

圖 3-43

如此反覆練習後，再換腿練習右旋胸動作。（圖 3-44—圖 3-46）

意守部位

膻中穴。位置在胸部，前正中線上第四肋間隙。（圖 3-47）

圖 3-44

圖 3-45

圖 3-46

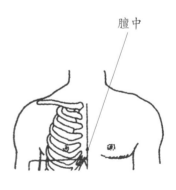

圖 3-47

功　效

經常練習胸部纏絲功，能提高胸部「一觸即旋」改變勁力方向的靈活性，提高此部位化勁與發勁動作的有效率和擒拿及抗擊打能力。還有改善胸部氣血運行能力之功效。

膻中穴位置在胸正中，是練習氣功的重要穴位，為陰經交會之所。練功時意守膻中穴，可促進五臟陰經之氣交流順暢，強健五臟功能。

提　示

心肺合居胸中，心主血，肺主氣，是全身氣血運行的動力。胸部旋轉式開合，可使胸腔開闊，增強肺臟的呼吸深度。同時，還可以減少對心臟的壓力，有利於心臟功能的發揮。

二、轉　腹

動　作

無極起勢。兩腳與肩同寬而立，左手心貼放在右手背上，雙手放於肚臍處。然後，雙眼輕閉，三性歸一，內視中丹田。靜守片刻後，以手領腹由上向右、向下、向左旋轉一周，身體重心相隨而動，在兩腿之間轉換。（圖 3-48—圖3-50）

圖 3-48

圖 3-49　　　　　　　　圖 3-50

如此反覆練習後，再向相反方向旋轉。（圖 3-51- 圖 3-53）

意守部位

中丹田。位置在肚臍深處。（圖 3-54）

功　效

經常練習腹部纏絲功，能提高腹部「一觸即旋」改變勁

圖 3-51　　　　　　　　圖 3-52

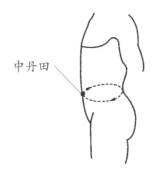
中丹田

圖 3-53　　　　　　　　圖 3-54

力方向的靈活性，提高此部位化勁與發勁動作的有效率和擒拿及抗擊打能力。還有改善腹部氣血運行能力之功效。

中丹田是練習氣功的重要穴位，三性歸一，意守中丹田與轉腹的動作相配合練習，達到一定「火候」時，便會體感到以外動帶內動時，中丹田內氣似流水一樣相隨而動。隨日積月累內功達到一定水準後，便會體悟到腹內有積氣成丹的感覺，丹田似球狀物隨轉腹的動作而旋轉，達到內外合一、表裏一致的修練境界。

提　示

轉腹式的按摩動作，能起到促進胃腸蠕動，增強消化吸收功能和調節新陳代謝等良好作用。

三、轉　脊

動　作

無極起勢。兩腳比肩略寬而立，身軀以脊為軸，盡量向左後、右後旋轉。兩手臂隨身軀轉動時向身後旋動，身體重心相隨而動在兩腿之間轉換。（圖3-55- 圖3-57）

圖 3-55

圖 3-56

圖 3-57

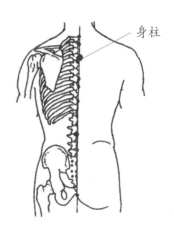

圖 3-58

意守部位

身柱穴。位置在背部後正中線上，第三胸椎棘突下凹陷中。（圖 3-58）

功　效

經常練習脊部纏絲功，有利於脊關節鬆開，加大擴展「以脊為軸」的活動範圍，提高脊關節「一觸即旋」改變勁力方向的靈活性，提高此部位化勁與發勁動作的有效率和抗擊打能力。此外，還有改善脊部的氣血運行能力的功效。

提　示

練習旋脊動作時，由於肌肉的收縮和呈螺旋式的升降，行功日久便會有一種「節節貫穿，氣貼於背，力由脊發」的感覺。練習太極拳和推手時，就是由腰部旋轉變化產生離心力而推動內氣貫注於四肢梢節的。

這種感覺要在「三性歸一」鬆靜的狀態下才能出現，由於練功時的意守，進一步使精神意念集中，就會逐步產生「氣斂入骨入髓」的感覺，這是一種調整神經系統和增強體質的鍛鍊方法。

四、轉　腰

動　作

無極起勢。兩腳比肩略寬而立，兩腿屈膝，身體重心向下降，兩臂屈肘抬至身體兩側前方，相距 80 公分左右，雙手握拳，拳心相對。然後，以拳領腰，以腰帶拳，向左右旋轉，兩眼隨雙拳運動的方向而視。自然呼吸。如此反覆練習。（圖 3-59- 圖 3-61）

意守部位

命門穴。位於兩腎中間，前與肚臍相對。（圖 3-62）

功　效

經常練習腰部纏絲功，有利於腰關節鬆開，加大擴展

圖 3-59

圖 3-60

圖 3-61

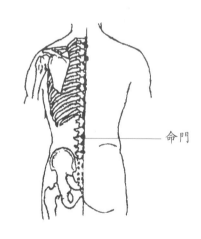

命門

圖 3-62

「以腰為軸」的活動範圍，提高腰關節「一觸即旋」改變勁力方向的靈活性，提高此部位化勁與發勁動作的有效率和抗擊打能力。此外，還有改善腰部氣血運行能力之功效。

提 示

　　練習腰部纏絲功對腎氣虧損、腰痛、腰肌勞損、腰椎間盤突出等病症均有良好的功效。

五、轉 臀

動 作

　　無極起勢。雙腳與肩同寬而立，雙腿微屈，雙手自然垂於體側或叉腰，臀部由左向上、向右、向下旋轉一周。身體重心相隨而動，在兩腿之間轉換。自然呼吸。如此反覆練習後，再換方向練習。（圖3-63－圖3-65）

圖 3-63

圖 3-64

圖 3-65

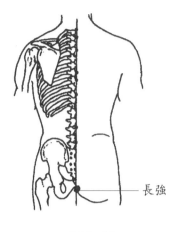

長強

圖 3-66

意守部位

長強穴。位於尾骨端下，尾骨端與肛門連線的中點處。（圖 3-66）

功　效

經常練習臀部纏絲功，能提高此部位化勁與發勁動作的有效率和抗擊打能力。還有改善臀部氣血運行能力之功效。

提　示

臀部的生理構造是微向外突的。但在練習太極拳和推手時如果過於外突，必有彎腰低頭之病，故太極拳理論提出「斂臀」的要求。轉臀的動作有利於「斂臀」和「氣沉丹田」。

第四節 下肢部

一、左右胯纏絲

動 作

　　無極起勢。兩腳略寬於肩而立，兩腿彎曲，身體重心在左腿。雙手疊放在左胯上，左胯由前向左、向後、向右旋轉一周。身體重心隨動作的變化在兩腿之間轉換，自然呼吸。如此反覆練習後，再向相反方向旋轉。（圖 3–67—圖 3–69）

圖 3-67

圖 3-68

圖 3-69

圖 3-70

圖 3-71

圖 3-72

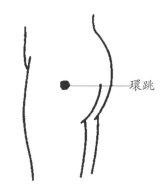

環跳

圖 3-73

右胯纏絲與左胯纏絲動作要領相同，唯方向相反。
（圖 3-70—圖 3-72）

意守部位

環跳穴。位置在股外側部，股骨大轉子最凸點與骶管
裂孔連線外 1/3 與中 1/3 交點處。（圖 3-73）

功　效

經常練習胯部纏絲功，有利於胯關節鬆開，加大擴展

「以胯為軸」的活動範圍，提高胯關節「一觸即旋」改變勁力方向的靈活性，提高此部位化勁與發勁動作的有效率和抗擊打能力。還有改善胯部氣血運行能力之功效。

提　示

胯關節是調整腰腿的關鍵，胯是腰腿的轉關之處，關節不鬆開就不靈活，腰腿就很難相順相隨。以腰為軸心轉動時，骨盆也連帶著轉動，因此，轉腰實際上是轉腰胯。

二、雙胯搖旋

動　作

無極起勢。兩腳與肩同寬而立，雙腿微屈，雙手叉腰，胯部由左向後、向右、向前平行旋轉一周。身體重心相隨而動，在兩腿之間轉換。自然呼吸。如此反覆練習後，再換方向練習。（圖3-74—圖3-76）

圖3-74　　　　　　　　圖3-75

圖 3-76

意守部位

環跳穴。

功效和提示

請參考左右胯纏絲相應項。

三、左右膝纏絲

動　作

無極起勢。左腳橫邁一步，左腿屈膝前弓，身體重心在左腿。兩手疊放在左膝上，左膝以順時針方向旋轉，自然呼吸。如此反覆練習後，再向相反方向旋轉。（圖 3-77—圖 3-79）

右膝纏絲與左膝纏絲動作要領相同，唯方向相反。（圖 3-80—圖 3-82）

圖 3-77

圖 3-78

圖 3-79

圖 3-80

圖 3-81

圖 3-82

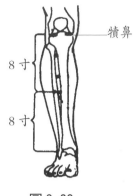

犢鼻

8寸

8寸

圖 3-83

意守部位

犢鼻。位於髕骨與髕韌帶外側凹陷中。（圖 3-83）

功　效

經常練習膝部纏絲功，有利於膝關節鬆開，加大擴展「以膝為軸」的活動範圍，提高膝關節「一觸即旋」改變勁力方向的靈活性，提高此部位化勁與發勁動作的有效率和抗擊打能力，改善促進膝部的氣血運行功能。對膝痛、關節炎、行走不便等病症均有良好的功效。

提　示

練習太極拳和推手，腿部支撐著全身的重量，而膝關節負擔最大，因此，膝關節必須有力而靈活。為保持身法中正，膝關節不宜超出腳尖（特殊動作除外），以免失去平衡，影響動作的順利進行。

四、雙膝纏絲

動　作

　　無極起勢。兩腳併攏，兩腿屈膝半蹲，兩手按放在兩膝蓋上。然後，兩膝沿順時針方向旋轉。自然呼吸。如此反覆練習後，再向相反方向旋轉。（圖 3-84—圖 3-89）

圖 3-84

圖 3-85

圖 3-86

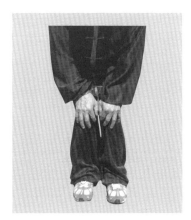

圖 3-87

圖 3-88

圖 3-89

意守部位

犢鼻穴。

功效和提示

請參考左右膝纏絲相應項。

五、左右足搖旋

動　作

無極起勢。兩腳與肩同寬
而立，雙手自然垂立或叉腰，
身體重心過渡到右腿，以左足
跟為軸，足尖向裏扣，然後，
左足尖向外撇。自然呼吸。如
此反覆練習後，再換右足搖
旋。（圖 3-90—圖 3-95）

圖 3-90

圖 3-91

圖 3-92

圖 3-93

圖 3-94

意守部位

湧泉穴。位置在足心前三分之一凹陷處。（圖 3-96）

功　效

經常練習足踝部纏絲功，有利於足踝關節鬆開，加大擴展「以足踝為軸」的活動範圍，提高足踝關節「一觸即

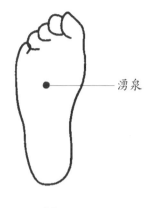
湧泉

圖 3-95   圖 3-96

旋」改變勁力方向的靈活性，提高此部位化勁與發勁動作的有效率和抗擊打能力。此外，還有改善足踝部氣血運行能力之功效。

　　湧泉穴是練習氣功的重要穴位。足又是足三陽經和足三陰經的起始點連接線。練功時意守足心的湧泉穴，能起到促進氣達足部梢節，使足部六經之氣順暢地循經走脈之功效。

　　提　示

　　足為步型、步法和支撐全身的根基。動作的靈活和遲滯完全取決於步法是否正確。太極拳和推手是以調整步法來支持和調節全身處於穩定平衡狀態的。所以，練習好足部纏絲功至為重要。

六、左右纏絲蹬腿

　　動　作

　　無極起勢。兩手叉腰，身體重心過渡到右腿，左腳呈螺旋纏繞屈膝上提收於右膝旁，眼觀左前方。此時為吸。

隨即胯關節外展，左腿向左前方蹬出。此時為呼。然後，
做右纏絲蹬腿，要領相同。（圖 3-97─圖 3-102）

意守部位

湧泉穴。

圖 3-97

圖 3-98

圖 3-99

圖 3-100

圖 3-101　　　　　　　圖 3-102

功　效

意到氣到，氣到力到，氣貫三節。對腿腳寒冷、關節
炎、行走不便等症狀，均有良好的功效。並能加大擴展腿
的活動範圍，提高腿法技擊和防守的有效率。

提　示

腿的旋轉弧形動作，在技擊作用上能起到攔截套腿、
勾腳、蹬膝關節、踩臁骨等作用。

第五節　各方位全身綜合纏絲

一、前進螺旋纏絲

動　作

無極起勢。右腳向前上一步，身體重心在左腿，兩掌
從兩肋處螺旋向前穿行，至胳膊自然伸直，雙掌相合。全

身相隨而動，身體重心從左腿過渡到右腿，此時為呼。然後，兩掌螺旋相開，畫弧返回兩肋處，全身相隨而動，身體重心從右腿過渡到左腿，此時為吸。如此反覆練習後，再換腿練習。（圖 3–103—圖 3–110）

圖 3–103

圖 3–104

圖 3–105

圖 3–106

圖 3-107

圖 3-108

圖 3-109

圖 3-110

意守部位

中丹田。

功　效

丹田內氣前後鼓蕩。

提 示

做此動作時注意膝蓋不要超過腳尖，以免身體重心前傾。

二、後退螺旋纏絲

動 作

無極起勢。右腳向後退一步，身體重心在左腿，兩掌從兩肋處螺旋向後穿行，至胳膊自然伸直，兩掌相合。全身相隨而動，身體重心從左腿過渡到右腿，此時為呼。然後，兩掌螺旋相開，畫弧返回兩肋處，全身相隨而動，身體重心從右腿過渡到左腿，此時為吸。如此反覆練習後，再換腿練習。（圖 3-111—圖 3-118）

意守部位

中丹田。

圖 3-111

圖 3-112

圖 3-113

圖 3-114

圖 3-115

圖 3-116

功 效

丹田內氣前後鼓蕩。

提 示

做此動作時注意膝蓋不要超過腳尖，以免身體重心前

圖 3-117

圖 3-118

傾。

三、左旋纏絲

動 作

無極起勢。右腳向右橫邁一步，身體重心在左腿，左手叉腰，右手上抬至胸前，從右腋下螺旋穿出，至胳膊自然直。全身相隨而動，身體重心從左腿過渡到右腿。此時為呼。然後，右手臂螺旋畫弧返回胸前，全身相隨而動，身體重心從右腿過渡到左腿，此時為吸。如此反覆練習。（圖 3-119—圖 3-122）

意守部位

中丹田。

功 效

氣貫三節肩肘手。

圖 3-119

圖 3-120

圖 3-121

圖 3-122

提　示

　　練習各部位全身綜合纏絲時，要做到六合，即手與腳合，肘與膝合，肩與胯合，為外三合；心與意合，意與氣合，氣與勁合，為內三合。

四、右旋纏絲

動　作

無極起勢。左腳向左橫邁一步，身體重心在右腿，右手叉腰，左手上抬至胸前，從左腋下螺旋穿出，至胳膊自然直。全身相隨而動，身體重心從右腿過渡到左腿。此時為呼。然後，左手臂螺旋畫弧返回胸前，全身相隨而動，身體重心從左腿過渡到右腿，此時為吸。如此反覆練習。（圖 3-123—圖 3-126）

意守部位

中丹田。

功　效

氣貫三節肩肘手。

提　示

練習纏絲功的動作時，要周身一家，一動俱動，圓轉

圖 3-123

圖 3-124

圖 3-125

圖 3-126

自如，不可產生缺陷、凹凸和斷續三個缺點。

五、上穿螺旋纏絲

動　作

　　無極起勢。兩腳與肩同寬
而立，屈膝下蹲，兩掌背相合
於腹前，經腹、胸、頭螺旋上
穿，至胳膊自然直。全身相隨
而動，身體重心隨之向上升，
此時為吸。然後，兩掌相開畫
弧返回腹前。全身相隨而動，
身體重心隨之下降，此時為
呼。如此反覆練習。（圖 3-
127-圖 3-131）

圖 3-127

圖 3-128　　　　　　　　圖 3-129

圖 3-130　　　　　　　　圖 3-131

111

意守部位

中丹田。

功　效

丹田內氣上下鼓蕩。

提 示

太極拳中的螺旋式運動，是中國式的獨特的運動方式。在健身方面，它能推動全身節節貫穿，並由此達到內外合一的一動無有不動的境界，五臟六腑得以按摩，經絡得以暢通，氣血得以循環，新陳代謝得以旺盛。

在技擊方面，螺旋式的運動能起到「彼不動我不動，彼意動我先行」「一觸即旋，不丟不頂」「捨己從人，借勁使勁」「引進落空合即出」的技擊功效。

六、下鑽螺旋纏絲

動 作

無極起勢。兩腳與肩同寬而立，兩手畫弧從身體兩側由下向上，至兩掌背相合於頭上方，全身相隨而動，身體重心隨之向上升，此時為吸。然後，兩掌經頭、胸、腹螺旋下鑽，至胳膊自然直。全身相隨而動，身體重心隨之向下降，此時為呼。如此反覆練習。（圖 3-132—圖 3-135）

圖 3-132

圖 3-133

圖 3-134

圖 3-135

意守部位

中丹田。

功　效

丹田內氣上下鼓蕩。

提　示

經常練習纏絲功能逐漸產生一種綿軟而又沉重，外似棉花，內如鋼條的一種內功。功夫越深，內勁的品質越高。

七、平行螺旋纏絲

動　作

無極起勢。兩臂從身體兩側畫平弧，抬至與胸同高，兩手從腋下向左右方向螺旋穿伸，至胳膊自然直。全身相隨而動，身體重心隨之向上升，兩腳跟抬起，此時為吸。然後，兩手臂放鬆下落返回身體兩側。全身相隨而動，身體重心隨之向下降，兩腳跟落地，此時為呼。如此反覆練

習。（圖 3-136—圖 3-140）

意守部位

中丹田。

圖 3-136

圖 3-137

圖 3-138

圖 3-139

圖 3-140

功 效

雙手相開時氣達手梢節，雙手放鬆回落時，氣返回中丹田。

提 示

太極拳必須運勁如纏絲，或如抽絲，這兩種形象比喻的是運勁走螺旋。同時，這種螺旋又必須走弧線，猶如子彈通過槍膛中的來福線後，既有螺旋形的自身旋轉，又有拋物線形的運動路線。太極拳的纏絲勁就是具有這種形象。

八、立形螺旋纏絲

動 作

無極起勢。兩腳比肩略寬而立，身體重心在右腿，右手向右上方抬起，比右肩略高，左手稍向左開。右手畫弧螺旋而下，同時左手畫弧螺旋向上，雙臂畫立圓相合於胸前。全身相隨而動，身體重心由右腿過渡到左腿。此時為

呼。然後，右手畫弧向上，左手畫弧向下，雙手臂相開，恢復至初始動作。全身相隨而動，身體重心由左腿過渡到右腿。此時為吸。如此反覆練習後，再換手換腿練習。（圖3-141—圖3-148）

圖 3-141

圖 3-142

圖 3-143

圖 3-144

意守部位

中丹田。

功　效

開時氣充全身，合時氣歸丹田。

圖 3-145

圖 3-146

圖 3-147

圖 3-148

提　示

　　初練纏絲功的動作時，轉圈的幅度要大，練習日久後轉圈逐漸收小，這是「先求開展，後求緊湊」的鍛鍊步驟。圓形動作是達到和諧與連貫的必要前提，練到純熟後，逐漸達到「得心應手」，與「心身相應」的程度，就能夠一動無有（內外、上下、左右）不動，一圈無有不圈，外形有手圈、肘圈、肩圈、胸圈、腹圈、胯圈、膝圈、足圈；體內有五臟六腑蠕動按摩，暢通經絡、內氣循環，丹田旋轉。

九、斜形螺旋纏絲

動　作

　　無極起勢。右腿向右前上一步，身體重心在左腿，右臂從體前抬起與右肩同高，雙臂交叉呈斜形旋轉一周。全身相隨而動，身體重心隨動作的變化在兩腿之間轉換。自然呼吸。如此反覆練習後，再換手換腿練習。（圖 3–149—圖 3–156）

意守部位

　　勞宮穴。

功　效

　　氣達手掌。

提　示

　　纏絲功中的弧形動作，是在意識指導下的內勁做旋繞運轉時的外形，纏繞絞轉，極為纏綿曲折，在大螺旋式和無數小螺旋式的發展路線上進退屈伸，形成為圓形動作，是太極拳練法特點的精華所在。

內勁運轉的主要特點是：源動腰脊，旋腰轉脊，節節貫串地勁貫四梢（手足尖端）。上行為旋腕轉膀，形於手指；下行為旋踝轉腿，達於趾端。螺旋形地纏繞絞轉，形成一系列無限延長的複雜的空間螺旋運動。

圖 3-149

圖 3-150

圖 3-151

圖 3-152

圖 3-153

圖 3-154

圖 3-155

圖 3-156

十、雙環螺旋纏絲

動　作

無極起勢。右腳上一步，身體重心在左腿，右臂從體

前抬起，與右肩同高，左手屈肘抬起在右手之後，兩臂以肩為軸，同時旋轉一周。全身相隨而動，身體重心隨動作的變化在兩腿之間轉換。自然呼吸。如此反覆練習後，再換手換腿練習。（圖3-157—圖3-164）

圖 3-157

圖 3-158

圖 3-159

圖 3-160

圖 3-161

圖 3-162

圖 3-163

圖 3-164

意守部位

勞宮穴。

功　效

氣達手掌。

提 示

　　練習纏絲功動作能使全身內外「一動無有不動」，於同一時間內，綜合性地完成神經、呼吸、血液、經絡、骨骼、肌肉、消化、內分泌等系統的鍛鍊。可以說是用最寶貴的時間達到最有效果的體育運動方法。從運動醫學角度來看，這種練法是防病治病的重要因素。

十一、螺旋沖拳

動 作

　　無極起勢。右腳向前邁一步，身體重心在左腿，雙手變拳收於腰間，隨即左拳由胯部呈螺旋式向前擊出，至胳膊自然直。然後，右拳呈螺旋式向前擊出，同時左拳呈螺旋式收回至左胯處。全身相隨而動，身體重心隨動作的變化，在兩腿之間轉換。如此反覆練習後，再換腿練習。（圖 3-165—圖 3-169）

圖 3-165　　　　　　　　圖 3-166

圖 3-167

圖 3-168

圖 3-169

意守部位

勞宮穴。

功　效

意到氣到，氣到力自然到，形與氣走螺旋，勁發一

點，點點透骨。

提　示

待功夫修練到「外丹功」階段時，每當拳擊出時，便會感到有一個「氣球」狀的物體隨拳擊而出，隨收拳放鬆時而回歸於丹田。

十二、胸腹折疊纏絲

動　作

無極起勢。左腳向前邁一步，身體重心在右腿，兩手握拳，兩臂向外旋翻轉於身體兩側，同時開胸展腹。此時為吸。然後，兩臂向內旋翻轉至背後，同時胸腹相合內含，此時為呼。全身相隨而動，身體重心隨動作的變化在兩腿之間轉換。（圖3-170─圖3-173）

意守部位

膻中穴。

圖 3-170　　　　　　　圖 3-171

圖 3-172　　　　　　　　圖 3-173

功　效

胸腹折疊。

提　示

初練此動作時要慢一些，待動作熟練後可適當加快速
度和練習抖發勁。

十三、身法大螺旋

動　作

無極起勢。雙腳比肩略寬而立，雙手握拳，以拳帶身
向左、向後、向右旋轉一周。自然呼吸。全身相隨而動，
身體重心隨動作的變化在兩腿之間轉換。如此反覆練習
後，再換方向練習。（圖 3-174—圖 3-181）

意守部位

命門穴。

功 效

加大擴展身法變化。

提 示

做此動作時要以腰為軸，動作幅度要由小到大。

圖 3-174

圖 3-175

圖 3-176

圖 3-177

圖 3-178

圖 3-179

圖 3-180

圖 3-181

十四、丹田旋轉

動　作

無極起勢。右腳向右橫邁一步，身體重心在右腿，右

手抬至與肩同高，左手放在腹部中丹田處。然後，右手臂畫大圈，左手在腹部中丹田處畫小圈。自然呼吸。全身相隨而動，身體重心隨動作的變化在兩腿之間轉換。如此反覆練習後，再換手換腿練習。（圖3-182—圖3-189）

圖 3-182

圖 3-183

圖 3-184

圖 3-185

圖 3-186

圖 3-187

圖 3-188

圖 3-189

意守部位

中丹田。

功　效

以外動導引丹田內氣旋轉。

提 示

練習纏絲功動作時，轉圈不論大圈、小圈、沒圈（有圈的意思，但在外形上不容易看出來的稱為沒圈），都應該有內勁做主導。這種內勁是由長期鍛鍊，用意識貫注而逐漸形成「似鬆非鬆」「不剛不柔」「亦剛亦柔」「剛柔相濟」的極為沉重而又極為輕靈的一種內勁。工夫下得越深，內勁的品質也就越高。

第六節　纏絲功對練

一、一攻一化纏絲

動 作

甲乙（著白衣者為甲，著黑衣者為乙）雙方同邁右腳，各上一步，兩腳間距在 15 公分左右。雙方同時伸右臂以手腕搭接，與肩同高，眼視對方。（圖 3-190）

圖 3-190

乙方進攻推甲方時，甲右手臂向後螺旋進攻乙方，直至其勁力落空。乙方右手臂向後撤時，甲右手臂向前螺旋進攻乙方。甲乙雙方全身相隨而動，身體重心隨動作的變化在兩腿之間轉換。（圖3–191—圖3–194）

圖 3–191

圖 3–192

如此反覆練習後，甲乙雙方再換手換腿練習。

功　效

螺旋進攻，螺旋引化。

圖 3-193

圖 3-194

提 示

個人練習纏絲功中的動作，是個人認識、體會、運用、掌握纏絲功中的動作和勁別技術階段，因此，太極理論稱是「知己」階段的練習方法。

雙人對練是由對抗性的實踐運用，來檢驗纏絲功中的動作和勁別技術掌握的正確程度。是對纏絲功各種動作和勁別技術再認識、再提高的過程。由兩人對練的形式來檢驗自己的纏絲功，達到什麼水準、什麼階段了。所以，太極理論稱是「知己知彼」階段的練習方法。

二、順逆纏絲

動 作

甲乙雙方同邁右腳，各上一步，兩腳間距在 15 公分左右。乙方雙手抓住甲方雙臂，眼視對方。（圖 3-195）

乙方進攻推甲方時，甲方左手臂螺旋後撤，引化開乙

圖 3-195

方右手臂，直至其勁力落空。乙方右手臂向後撤時，甲方左手臂螺旋進攻，直至將乙方擊出。甲乙雙方全身相隨而動，身體重心隨動作的變化在兩腿之間轉換。（圖3-196一圖3-199）

圖 3-196

圖 3-197

圖 3-198

圖 3-199

如此反覆練習後，甲乙雙方再換手換腿練習。

功 效

順逆纏絲，引進落空合即出。

提　示

凡是逆纏式攻擊的動作，為動分，為離心力，丹田氣運至四梢，肩催肘，肘催手，胯催膝，膝催足，呼氣，發勁。

凡是順纏式防禦化解的動作，為靜和，為向心力，四梢氣復歸丹田，肩帶肘，肘帶手，胯帶膝，膝帶足，吸氣，蓄勢。

三、擒拿纏絲

動　作

乙方左腳上步，出左拳朝甲方胸部擊打。（圖 3-200）

圖 3-200

甲方左手抓拿住乙方左手，同時上右步，用右手抓拿住乙方左肘，然後，雙手旋擰擒拿乙方。（圖 3–201－圖 3–203）

　　如此反覆練習後，甲乙雙方再換手換腿練習。

圖 3–201

圖 3–202

圖 3-203

功　效

旋擰擒拿，抓筋錯骨。

提　示

太極纏絲功中的纏絲運動雖然有多種多樣的變化，但是，歸納起來為一順一逆纏絲、雙順纏絲和雙逆纏絲三種組合形式。

四、反擒拿纏絲

動　作

甲方右腳上步，出右拳朝乙方胸部擊打。乙方右手抓拿住甲方右手，用左手抓拿住甲方右肘。（圖 3-204—圖 3-206）

圖 3-204

圖 3-205

圖 3-206

　　甲方以右肘為軸，旋轉化解乙方擒拿後，用左手抓拿旋扭乙手，然後右肘向下壓乙手臂，直至將乙方擒拿住。（圖 3-207－圖 3-209）

　　如此反覆練習後，甲乙雙方再換手換腿練習。

圖 3-207

圖 3–208

圖 3–209

功　效

纏絲化解擒拿，然後反擒拿。

提　示

螺旋勁的作用能使對方直來的勁力，成為我方動作弧

線上的切線。如果對方繼續加力，其勁力會離開著力點而前進，影響其自身的平衡和穩定，而不影響我方的平衡和穩定；亦即在我為引進（弧形走化），在對方為落空（直線前進）。同時，我的螺旋形動作已避實就虛地越過對方防線而進逼，也即在我為「曲中求直，蓄而後發」。我方處在螺旋狀態，在變動，才能做到「不丟不頂，引進落空合即出」。

五、組合纏絲

動　作

甲方出右腿，乙方出左腿，互相搭貼在一起。乙方右手抓住甲方右手在上，甲方左手抓住乙方右手在下，互相搭貼在一起，眼視對方。然後，甲乙雙方肩、肘、手、胯、膝、足、腰脊同時運轉一周。甲乙雙方全身相隨而動，身體重心隨動作的變化在兩腿之間轉換。（圖 3–210—圖 3–213）

如此反覆練習後，甲乙雙方再換手換腿練習。

圖 3–210

圖 3-211

圖 3-212

功 效

九曲如珠，一觸即旋。

提 示

纏絲功中的圓形運動，不是直線的弧形動作組成的，而

圖 3-213

是螺旋式的曲線弧形動作組成的。它是「曲中求直」，處
處是曲線，處處隨時能轉化為直線，為曲直兩者的統一。

　　在畫圓圈時，內勁的運轉，旋轉，像螺旋式的纏繞進
退，則好比地球在公轉時不斷的自轉。因此，它是分陰分
陽而又陰陽互根的。如果圓形運動沒有螺旋式貫串其中，
就等於月球環繞地球運行，只有公轉而無自轉，這種圓形
運動仍然是走的直線。

　　直線的弧形動作在推手實踐中，易犯頂勁之病，容易
造成「引進落實」，不可能像螺旋勁那樣起到邊化邊打、
邊打邊化的作用。

六、走化纏絲

動　作

甲乙雙方面對而立，雙方出右手搭貼在一起，眼視對
方。

然後，甲乙雙方右手臂由上向下，再由下向上旋轉一周；同時甲乙雙方腳步走轉一周。（圖3-214—圖3-217）

如此反覆練習後，再換手換腿練習。

圖3-214

圖3-215

功　效

手旋，步旋，身旋。

提　示

練習纏絲功要由大圈練至小圈，由小圈練至沒圈；由

圖 3-216

圖 3-217

開展到逐漸緊湊，由有形而歸於無跡。由極小的圈練到外形上看不出有圈，是只有圈的意思而沒有圈的形式，這種境界只有下苦功極深的人才能做到。

在練習太極拳和推手的長期實踐中都能體會出，功夫越深者，身體各部位的轉圈(位置移動)便越小越細微，越正確協調，達到所謂「全身上下都是圈」，「全身處處一觸即旋，一動一太極」。

第一節　陳式太極拳第十七代宗師
　　　　陳發科軼事

在《道德經》中，「德」字通常被闡述為力量或品德。藝術之精奧，往往產生超乎技巧之品德，浸淫越久，品德越為深廣，即所謂美德。偉大的武術家亦復如是，常顯現出高貴的情操及對人類深刻的關懷，這是一種技巧、力量、德行的融和，亦是真正精奧的表徵。

所謂「陰陽的協調與平衡」，這種能力可產生極大的殺傷性，但這種修養品德及公正不阿之操守，又不會傷害到任何人。陳發科先生就是這樣的人了。

與許禹生交手比試

陳發科，生於 1887 年，逝於 1957 年，享年 71 歲，為陳式太極拳第十七代宗師，不僅以武藝聞名，其德行修養更為眾所推崇。先生於 1928 年 10 月赴北京授拳，陳式太

極拳之風貌始為外間所悉，也同時面臨著許多困擾。如精嫻楊式太極拳、八卦掌、形意拳及多種武術的名宿許禹生，即伺機一試先生身手。

許氏從學於楊少侯、楊澄甫，1924 年陳微明於上海出版的《太極拳術》一書中即有許氏與楊澄甫推手示範照片四幅。許禹生與另兩位武術家再三要求與陳發科先生比武，均經辭謝，但彼等執意欲試，陳發科無奈，終勉為接受。

在寬廣的場子外，擠滿幾圈看熱鬧的人。兩人踏入場子內後，許氏猝然猛烈攻向陳發科先生，但突為一股勁力彈回，威力之大，將許氏彈出人牆之外，波及者無不隨之翻倒。最妙的是大家沒看到如何出手，許氏因此對陳發科先生之深湛內勁極為折服，旋拜先生為師。

與李劍華過手驗證

許禹生後來曾主持國術比賽，邀請陳發科先生為特別顧問。此時許氏等對陳發科先生的功夫更為敬服，時往聆聽教益。當討論一個回合的比賽時間多長較為適當時，有人建議一回合最長 15 分鐘。陳發科先生認為太長了，如果場次過多，將太耗時間，技藝純熟的武術家二三下就能決出勝負，最長 3 分鐘應足夠了。

身高 6 尺餘、體重約 100 公斤的東北大學武術兼八卦掌教練李劍華也擔任大會顧問，反對發科先生的看法，先生笑謂：「如果不介意，可以證實一下。」李劍華接受了，隨即快速挪動身形。

當這位巨漢伸掌劈向發科先生胸口，在接觸的剎那

間，發科先生以軀體神妙地反擊對手，只見身形微動，李氏已被反彈到牆壁。當他摔落到地上，牆上的油漆也因撞擊之力而紛紛散落。全場默然。一會兒李氏開口大笑。眾人隨之笑了。

當李氏站了起來，大聲向發科先生說：「現在我相信你了，現在我相信你了，3分鐘足夠了……」他看了看自己，遂道：「我相信你已傷了我！」發科先生平靜地問：「你哪裡受傷了呢？」李氏發覺自己一點兒都沒受傷。

李劍華先生告訴大家，當他攻向發科先生時，一股龐大的內力從發科先生體內發出，將他彈到牆壁上。當他再檢查自己的衣服時，竟然有些油漆粉末深深嵌入纖維之內，連刷都刷不下。

陳發科先生對內勁能控制到這種自如境界，而使李氏毫髮無傷，在場眾人無不讚佩發科先生的太極拳功夫，從此經常向陳發科先生請教功夫，李氏也因此成為陳發科先生的弟子。

太極戰摔跤

沈友三，在家行三，人皆稱他沈三，為頂尖級摔跤家。個子中等，精力充沛，以技術精確、動作俐落迅速著稱，唯為人愛擺架子。他在北京天橋地區表演摔跤術兼賣草藥。

有一次，沈友三遇到陳發科先生，彼此互道仰慕。沈友三表示，習摔跤者實不瞭解太極拳是什麼，有什麼功能。一般所看到的太極拳，動作緩慢柔和，像是體操，不像武術。

沈氏說：「如果摔跤家與太極拳家比武，結果如何呢？」

發科先生笑著說：「想必甚為有趣。太極拳家應可迎戰任何武術，像當年楊露禪先生，人稱無敵。但我是不及他的。」沈即要求與發科先生試一試。

發科先生伸出雙臂，要沈友三抓他，圍觀者都想有精彩的比賽可看了。沈友三試著去抓發科先生，幾秒鐘後兩人開始大笑。比試似尚未開始，但已經結束。人們只看到兩人交手後，輕挪位置約 5 秒鐘而已。

沈友三佩服陳發科藝業，更佩服其修養。

兩天後，發科先生正在居處之宣武區河南會館授拳，沈友三攜帶禮物過訪，向發科先生打招呼並表示謝意，發科先生謙辭說：「沒什麼。」

在場弟子們都感到非常困惑，不瞭解兩人在談些什麼？沈友三發現了，就問弟子們，陳老師難道沒有告訴你們發生過什麼事？

大家都回說「沒有」「不知道有什麼事」。

沈友三很激動地猛拍大腿，並翹指贊道：

「你們師父真了不起！不僅功夫高超，修養更是超人一等。大家都認為我們比武時，僅僅接觸了一會兒，沒有發生任何事，實際上武術家交手剎那，已足以明瞭彼此功夫深淺。當我抓住陳師傅手臂，想借力使力，但無力可借；每當我想使用自身力道時，卻又被一股勁道反彈回來，我的技巧毫無作用。想把他拋出去，我必須先抓住他，但無論抓住何處，總是有一股內勁自陳師傅手臂或身體透出，有時幾乎傷了我的手指！他的身體似乎在那兒，

但感覺上又好像不存在。後來我想摔倒他，但一樣不起作用；宛如蜻蜓撼石柱，我知道他的功夫遠超過我，他隨時可以把我拋出去，但他的武德精神為我保住顏面。事後他亦不誇耀，是一個真正的朋友！今天我特地來向陳老師表示我的敬意。」

武人多相輕，陳發科先生卻自重重人

沈友三走後，弟子們問發科先生當時為什麼不把他拋出去？先生很嚴肅地說：「為什麼要毫無理由地把他人摔到地上呢？如果是你們處在沈師傅的地位，你們會喜歡被人摔到地上嗎？武者成名不易，我們應該愛惜、尊重別人的名聲。為一己私利，傷人名聲，真正的武術家所不屑為。」

發科先生從不向人挑戰，但如有人再三邀戰，則會接受。每回他都告訴對手：「盡力攻我，即使我受傷也不會怪你，我也不會傷你。」他從不傷害對手，也教導學生遵循這一原則。他在北京待了 29 年，獲得各門各派普遍的尊敬與推崇。這在當時競爭激烈，武術界性喜相輕的環境中，是頗不尋常的。

有一次某大學想聘他擔任武術指導，提供了很高的薪金，並準備解聘原有指導老師。發科先生要求不可因他而解聘任何人，他不喜歡搶別人飯碗。因這所私立大學無法提供兩份薪水，遂為發科先生委婉推辭。這種捨己為人的精神更使他在武術界獲得極高的尊崇。

第二節 「太極巨人」馮志强武林軼事

力托千斤露神功

20 世紀 60 年代，馮老師在北京電機廠工作期間，一天，當過樑吊車正吊著一臺上千斤重的電機芯在車間內運行時，突然，發出了「吱吱」作響的異常聲音，原來是吊著電機的鋼絲繩鬆脫發出的聲音，電機如掉下來隨時都有砸人毀物的危險。

正在旁邊工作的馮老師發現後，說時遲，那時快，迅速跑上前，在場的人都被他的舉動驚呆了，那電機芯的重量可是 1100 斤啊，在平時七八個身強力壯的小夥子也要費好大的勁才能將它抬動，可是馮老師卻穩穩地接住了這龐然大物。

以前電機廠裏很少有人知道馮老師會練太極拳，此事在電機廠裏傳開以後，不少年輕人出於好奇心，多次想辦法激他露一手，可是馮老師不管青年人怎樣「欺負」他，他總是笑笑，不和大夥兒較真。

那時，北京電機廠裏有一個摔跤隊，隊裏有 12 個生龍活虎的小夥子。一天，馮老師路過摔跤隊的訓練場地，被小夥子們看見後，便一窩蜂地圍上來要與馮老師較力。馮老師最後推辭不過，便笑著說：「你們排成一隊來推我吧！」於是，這 12 名摔跤手一個接一個，像「火車」一樣排成一隊，最前面的人用兩手推在馮老師的腹部上，然後，隨著一聲「一、二、三，推！」的口令，大家一齊用

力向前推去，只見馮老師身體往下一沉，丹田內轉，再見那12名摔跤手已被東倒西歪地摔倒在地。

1987年在深圳舉辦的國際武術訓練班上，一個外籍學生也想試試馮老師的功力，便約來了7個同學一起來推馮老師，當時正巧有位記者在場，拍下了這個饒有風趣的場面。

愛恨分明懲歹徒

一天，馮先生下班回家途經一條胡同時，忽聽前面有個女人在哭，他走近一看，三個歹徒正在搶一個姑娘的自行車。歹徒見有人來，一齊亮出尖刀威脅道：「你少管閒事！」面對歹徒，馮先生怒火中燒，說聲：「讓我遇見了就得管！」話音未落一拳打倒了歹徒，第二個傢伙兒狠地刺了一刀，馮先生讓過刀尖，反手叼住歹徒的手腕，只聽「哢嚓」一聲，尖刀被打落在地。第三個歹徒從馮先生的身後衝上來，這時，只見他一蹲身將歹徒掀翻在地。三個壞蛋一看碰上了硬碴兒，全跑了。

最後馮先生一直將姑娘送到家門口，等姑娘的家人來道謝時，他早已消失在漆黑的夜色中。

巧挫美國大力士

1981年9月2日上午，北京體育學院的衛生室裏請來了一位重眉毛、大眼睛、虎背熊腰、體格魁偉的老工人當按摩大夫。他，就是馮志強老師。

不一會兒，武術教練門惠豐陪著一位美國大力士來到衛生室。他每天來按摩，倒不是因為有什麼病，而是在學

習中國的按摩手法。按摩完畢，他還趴在床上，衛生室的李大夫悄悄走到他的頭前，說：「你不是要見馮老師嗎？」

「什麼馮老師？」大力士一愣。

「馮志強老師呀！」李大夫抿嘴一笑。

原來，這位大力士名叫庫瑪，是美國太極拳研究社教練，身高一米八十多，體重一百八十多斤，今年 33 歲。他 6 歲開始練猴拳、少林拳，後又學合氣道、形意、八卦、太極；為學瑜伽曾專門到印度兩年，也曾向日本的最高手學柔道，在美國曾獲柔道冠軍；走遍世界五十多個國家。這次，他從東南亞、香港而來，走過的地方沒遇到對手。躊躇滿志的庫瑪來到北京體育學院後，找他幾位練太極、形意的人和他會了會手，不滿足，說：「像這樣的我不再見了，對我簡直是浪費工夫！」

說起馮志強，早年曾隨滄州人韓曉峰練通臂、山西人胡耀貞練六合心意和道家氣功，1951 年拜河南陳家溝名拳師陳發科練陳式太極拳，深得陳式太極擒拿跌打、鬆活彈抖的精髓，堪稱陳發科之高足。曾多次與練紅拳、通臂、炮捶、形意、八卦、摔跤者較量，對方無不佩服他的功夫和人品。

寒暄過後，庫瑪練了幾個式子，比劃了幾手猴拳。問道：「怎麼樣？」

馮志強答：「你上身有力，下身發飄。」

庫瑪自然不服氣，便「謙虛」地請「馮老師」說說手法。馮志強說：「好，你來勁，我接勁吧！」

這時，庫瑪自然高興異常，便用上全身的解數，餓虎

撲食般地猛撲過來。說時遲，那時快，馮志強雙臂自下而上一迎，迅即沉肩墜肘，左膝已進入對方襠間。此招在太極上稱做「引進落空」。當庫瑪有前傾撲空之感時，便趕緊後撤找重心，但對方的右膝已絆住他的左膝，哪裡能站得穩？剎那間，馮一點他的胸部，他一愣，馮馬上雙手發勁，庫瑪便騰空而起，幸好後面有人接住，否則還不知要跌個怎樣呢？

庫瑪站住身後，雙手伸出了大拇指，用還不熟練的漢語咕嚕著說：「馮老師不得了，馮老師不得了！」

馮志強謙遜地伸出小拇指說：「在中國，我屬這個，比我強的還大有人在！」

陳式太極拳返故鄉

河南溫縣陳家溝是陳式太極拳的發源地，人才輩出。傳到第十七代，因陳發科先生功夫最好而成為當時的代表。自從陳發科先生 1928 年 10 月應邀離開陳家溝到北京傳授陳式太極拳，就一直生活在北京，北京就成了陳式太極拳的中心。

1976 年「文化大革命」結束，大地回春，萬木復蘇。中華武術同其他的優秀文化一樣，也漸漸恢復了生機，全國開始了大規模的武術挖掘整理工作。但作為陳式太極拳的發源地——陳家溝，卻面臨困難。因為在十年的「文化大革命」當中，陳家溝的太極拳受到了嚴重影響。

一封來自陳家溝村黨支部的信，寄到了北京馮志強老師的手中。陳家溝村黨支部書記張尉珍在信中言詞懇切、情感動人地代表陳家溝村，真誠地邀請馮志強老師赴陳家

溝教授陳式太極拳。

　　隨後村黨支部書記張尉珍，和黨支部副書記陳家溝太極拳武術學校校長王西安，專程從陳家溝親赴北京邀請。緊接著，陳式太極拳第十九代傳人陳伯先和陳小旺又從陳家溝趕赴北京，來接馮老師到陳家溝去教授陳式太極拳。

　　馮老師感到這是陳家溝村人對自己的信賴，回想起當年陳發科老師對自己的培養和繼承發展光大師門的囑託，便欣然接受了邀請，先後三次赴陳家溝將陳發科先生親授的陳式太極拳和推手技擊技藝毫無保留地傳給陳家溝第十九代弟子們。並將道家氣功中的「站樁功」等功法也教授給了他們。從此，陳式太極拳的訓練內容中又增加了一項修練內功的重要功法了。從那以後，陳家弟子也多次到北京，繼續跟馮老師學習深造。

　　回憶起當年到陳家溝教拳之情景，面對當今陳式太極拳蓬勃發展的現狀，馮老師內心裏感到很欣慰。

「眞太極」技驚上海

　　1982 年 7 月，「全國太極名家匯演」在上海舉行。當時的上海武術界就像 7 月的夏天一樣，掀起了一股「太極熱」。而馮老師則是這股熱潮中最熱的熱點之一，其原因有二：一是人們要看看這位挫敗洋武師名揚海內外，當今陳式太極拳最高代表之風采；二是此次全國太極名家匯演，其他的太極名家都是帶著學生來的，和自己的學生表演太極推手。而馮老師是隻身前來單刀赴會，配手由大會指派，這次大家可親眼目睹馮老師的太極推手。

　　第一場匯演時，大會組委會指派了一位練太極拳的當

太極纏絲功

馮老師的推手對手，雙方一搭手，只見馮老師「彈簧勁」一抖，對方便騰空而起，身體劃著弧線飛了出去，重重地撞向了主席臺，撞翻了臺上的杯子。觀眾們對馮老師精妙的推手報以熱烈的掌聲。

第二場匯演在室外體育場舉行，大會組委會這次又指派了一位練外家拳硬氣功的武術好手當馮老師的推手對手，此人在上海很有名氣，出手從不饒人。雙方一交手，那人果然不客氣使盡全力朝馮老師擊來，只見馮老師運用了一個太極拳中的「黃龍三攪水」的動作一招將他打翻在地。起來後，在他撲向馮老師的一霎間，又見馮老師順勢將他一捋，「引進落空」後，使對方身體前栽後撲倒在地。再戰，又被馮老師一記「發勁」，這回對方身體如同炮彈出膛一樣，飛出去好幾米遠。

與會者及觀眾們大開眼界，對馮老師的太極功夫非常敬佩，互相交贊不絕，那位推手對手更是打心眼裏佩服馮老師，他說出了大家的心裏話，「馮老師的功夫是真功夫，馮老師的太極是真太極」。

一時間，「馮志強，真太極」成了上海武術界談論的最熱門話題。

群星研技聚北京

1982 年開始恢復了全國太極推手比賽。在幾年來的全國太極推手比賽上，參賽選手普遍存在著技術水準較低，太極拳的技擊風格發揮體現不出來，出現了「頂牛」和「拉扯」現象，有些人甚至對太極拳理論中的技擊方法產生了疑惑。根據此情況，中國武術院研究決定召開一次全

國太極推手研討會，以解決上述在全國太極推手比賽上存在著的問題。

　　1990 年中國武術院邀請了全國太極拳各派的名家代表，和在全國太極推手比賽上取得各級別的冠軍們。大家彙集在中國武術院設在北京郊區的訓練場。中國武術院副院長張山主持了這次全國太極推手研討會，在研討會上有人提出了是比賽規則中的一些規定限制了推手技術水準的發揮，也有人提出是比賽場地較小而產生「頂牛」和「生拉硬扯」的現象等等。

　　陳式太極拳代表馮志強老師提出，參賽選手技術水準較低，功夫不到家，是造成太極推手比賽時發生「頂牛」和「生拉硬扯」現象的主要因素。提高功夫水準，提高技術品質，是克服推手弊病的最有效的方法。

　　在實踐推手研討時，中國武術院安排讓各級別的推手冠軍輪流進行推手，並請太極專家們在出現問題時給予現場技術指導。

　　當研討遇到發生「頂牛」的現象時，馮老師指出，遇到此情況時一方要敢放鬆，敢放鬆就能進行「引進落空」化解對方的來勁，不敢放鬆是造成雙方發生「頂牛」現象的主要原因。

　　年已六十多歲的馮老師親自和他們進行推手，讓他們體會克服「頂牛」現象的有效辦法。當對方抓住馮老師的雙臂用力推來時，只見馮老師雙臂向後引動，待雙方舊勁已逝，新勁未生之際，雙臂迅速反彈以「彈簧勁」技術，將對方發放出去，遠遠地跌落在比賽規定的範圍之外。當對方用全力推馮老師的胸部時，只見馮老師旋胸轉腰將對

方勁化開後，就在對方身體失重的剎那間，迅速進身上步，一記乾脆俐落的發勁，將對方發出六七米遠後，重重地摔倒在地。對方起來後，抓住馮老師的雙臂再推。只見馮老師運用變化陰陽的技術，將對方來勁「引進落空」後，迅速反擊「合即出」地將對方擊打出去。

又上來一位重量級的推手冠軍相試，當他抓住馮老師的胳膊時，只見馮老師的胳膊如同怪蟒翻身一樣，螺旋纏繞地化解掉對方的擒拿後，順勢進肩靠之，對方騰空而起跌出。再戰，又被遠遠拋擊出圈外。其他的幾個推手冠軍都前來相試，功效如前。最後，大家都深深地認識到，比賽時發生「頂牛」和「拉扯」的現象，其主要原因是功夫不到家、技術不過關所致，今後要在提高技術品質上多下工夫。

名人拜師再學藝

在全國太極推手研討會結束的晚宴上，河南省太極拳代表張茂珍先生親自給在座的武術院的領導、太極拳名家的代表、各級別的推手冠軍們斟滿了一杯酒後，心情顯得有些激動地對大家說，我出身在一個武術世家，練功幾十年，雖然在河南鄭州等地有一些影響和名氣，但是，由參加此次中國武術院組織的全國太極拳推手研討會，看到馮志強老師親自示範和技術指導，使我深感藝無止境，我十分敬佩馮老師的太極功夫，今天當著武術院的領導和大家的面，請大家作個證，我要正式拜在馮老師門下重新學藝。

話音剛落，坐在一旁的曹之麟先生站了起來，緊接著

說：我練武近 20 年，曾在太極推手上下過些工夫，並獲得了上海市 1982 年、1986 年和全國 1986 年的太極推手比賽 65 公斤級的冠軍。雖然取得了一些成績，但在實戰中免不了會產生兩力相頂的情況，我心裏也明白太極拳的特點是以弱勝強，以小力勝大力，粘黏連隨，不丟不頂，引進落空，四兩撥千斤，以巧取勝的道理，那麼怎樣在實踐中才能真正做到這些呢？

由近年來跟隨太極名家馮志強老師學習太極拳推手和混元氣功方知其中的奧秘，懂得了其根本的道理。尤其是由幾次觀看馮老師的太極推手技擊後，對我的觸動很大，使我深感太極功夫博大精深，藝無止境。

所以，我也要拜師再學藝，使自己的太極拳推手功夫更上一層樓，達到一個新水準。

他們倆言短情切的一番話語，博得了在場人們一片熱烈的掌聲，大家紛紛舉起杯來向馮老師和他倆表示祝賀！

第三節　「內功王」王鳳鳴武林軼事

點穴露絕技

一個外地人經人介紹找到了王鳳鳴老師，在交談中王老師得知，此人叫李××，在湖南省公安局做偵察員工作，酷愛練武，曾兩次獲得湖南省散打冠軍。又因在執行任務時，多次制服過行兇的歹徒而立功受到上級部門的嘉獎。

他們倆交談了一會兒後，小李將話鋒一轉說道：「想和王老師試試手。」當他和王老師搭上手時，年輕力壯的

小李感到自己的雙手臂猶如被膠粘住了一樣，身體如同被繩子捆綁住了似的，不管他用什麼辦法想解脫，總是擺脫不掉。這使小李有勁也用不上，有功夫也發揮不出來，當時他大惑不解地問王老師：「你運用的是什麼方法？」王老師告訴他：「這是太極拳中粘黏連隨的技術。」小李接著說道：「如果您不介意，我可以用散打快攻的方法嗎？」王老師爽快地應道：「那你就進招吧！」

這回小李使出了他的散打本領，快速迅猛地出右拳來了一個猛虎掏心，朝王老師的胸口擊來。只見王老師用左手撥化開他擊來的右拳後，趁勢進身，將右腳放在他右腿的後面，右手臂放在他的脖頸處，說時遲那時快，手腳齊發，一個太極拳中的「擺蓮腿」便將他重重地打翻在地上。再看這位散打冠軍還真不含糊，一骨碌從地上爬起來後，又揮拳朝王老師的面部擊來。

王老師閃身讓過，同時用右手引化開他擊來的拳頭後，就在他肋部露出破綻的剎那間，順勢上步，運氣於左手二指，朝他肋部的章門穴上一點。小李感到如同利劍穿身一樣，疼痛難忍地用雙手捂著肋部蹲在了地上，張著嘴而喘不上氣來，臉色也變得蒼白了。王老師看他痛苦不堪的樣子，便過去在他身上按摩了幾個穴位，過了一會兒，只見小李深深地出了一口長氣，才逐漸恢復到正常狀態。後來，小李成為了王老師的弟子。

國內外曾經領教過王鳳鳴老師點穴的一些人，無不為他那功深技精的點穴絕技所折服。

三戰三勝日本武士

(一)突然襲擊

1990 年，王鳳鳴先生和馮志強老師應日中太極拳交流協會的邀請，來到日本東京市進行太極拳教學。有一天上課的時候，王老師正在帶領日本學員練習太極拳套路時，突然感覺到背部被猛擊了一掌，剎那間，只見王老師隨擊來之勢，迅速敏捷地轉動身體，用雙手就勢抓住了此人的胳膊，順勢一挧將他挧倒趴在了地上。

當時大家被這突如其來的情況弄蒙了，都不知道是怎麼回事？當即王老師由翻譯對那個人說：「你這樣做事是沒有禮貌的。」

當那人從地上爬起來之後，馬上給王老師深深地鞠了一躬，並說道：「對不起王先生，我失禮了！」

下課後，王老師從學生們那裏瞭解到，此人叫××××，曾練習過空手道、柔道，這是他第一次參加太極課，想瞭解太極拳的技擊方式怎麼樣？試試王老師的太極功夫如何？

在日本的教學工作順利的結束了，在臨回國的頭一天晚上，日中太極拳交流協會的負責人小池勤先生找到王老師，提出想挽留王老師在日本進行一年的太極拳教學，當王老師因單位工作忙而婉言謝絕時，小池勤先生便馬上邀請王老師明年再來日本進行太極拳教學，並聘請王老師為日中太極拳交流協會顧問。

(二) 正面交鋒

1991 年王鳳鳴先生應日中太極拳交流協會的邀請，第二次來到日本東京進行太極拳教學時，那個叫××××的人又前來參加了王老師的太極課。

有一天上課，王老師講到陳式太極拳中的「披身捶」動作的技擊要領時，說明此動作是用於破解對方抓拿住衣襟後運用的技擊方法，××××聽後說道：「我們的柔道專門會運用抓衣襟的方法，當對方被抓住以後，他便毫無辦法了。」

王老師聞此言道：「太極拳中的這個披身捶的動作，是專門破解對方抓衣襟技術的方法。」

此人聽後說到：「那麼請問，我們可以在實踐中進行一次驗證嗎？」

王老師爽快地應道：「當然可以。」

此人二話沒說，上來伸出右手就一把牢牢地抓住了王老師的衣襟不放，只見王老師用右手抓住了對方的右手腕，將左肘放在他右胳膊的肘關節處，轉腰合肘運氣同時進行，運用太極拳中「截勁」的技術方法，一下子便將對方重重地摔倒在地。他爬起來再試，功效如前，換左手還是不行。最後王老師乾脆讓他雙手一起抓住衣襟，同樣還是被重重地摔倒在地上。就這樣連續反覆試驗了多次，直到王老師將他摔得無計可施了，他才不得不罷手。

(三) 甘拜下風

1992 年王鳳鳴老師應日中太極拳協會邀請，第三次來

到日本東京講學時，那個叫××××的人再次前來，參加了王老師的太極課。

在一天的太極推手課上，當他向王老師學習太極推手的動作時，他認為施展的機會來了，便趁機抓住了王老師的兩隻胳膊，猛勁地向前推來。只見王老師旋手轉腕解脫了他的雙手，反過來抓住他的雙手腕後，順勢一採將他引進落空，此時他由上而下猶如跌入了萬丈深淵一樣。就在他身體失控的剎那間，只見王老師迅速跟進發勁，對方身體好像彈丸般被彈抖出去 3 米多遠。

技擊不行他又較量擒拿，他上來用右手抓住了王老師的右手後，王老師運用纏絲勁的技術將他反擒拿住，此時他的胳膊似被鐵鉗咬住了一樣疼痛難忍，並感到隨時都將有骨折筋斷的威脅，他只好拍地認輸。三次較量後他真的心服口服了。

在歡送王老師回國的晚會上。那個叫××××的人向大家坦誠地說：「以前看到別人演練太極拳，我不相信太極拳有什麼技擊價值。由三年來參加王老師的太極拳和推手課後，使我改變了以前的觀點，現在我完全信服了中國太極拳中以小力勝大力、引進落空、四兩撥千斤、以巧取勝的獨特技術了。」

丹田技擊和擒拿

在赫爾辛基的 TSL 成人大學的一次太極拳課上，王老師講道：「太極拳是內家拳，是意氣運動，所以練習太極拳時要意注丹田、氣沉丹田，待丹田修練到一定水準後，不僅能達到意到、氣到、動作到的練功效果，還能運用丹

田來進行技擊和擒拿。」

這時一個學生疑惑不解地說：「以前我學習太極拳時，從未聽人講過這些，請問我可以體會體會運用丹田進行技擊和擒拿嗎？」

王老師聽後，便讓這位學生用雙手使勁推他的腹部丹田處，只見王老師身體重心下降氣沉丹田後，運用「丹田鼓蕩」的方法將他發放了出去，對方再試，功效如前。然後，他又用一隻手猛力推向王老師的腹部丹田處，當王老師運用「丹田內轉」的方法進行擒拿時，只聽「哎呀」一聲，這位學生疼痛地一邊抖著手一邊顛著腳說道：「真沒想到這麼厲害！」

下課後，這位學生對一些學員們說：「我以前雖然練習太極拳多年，但是感到內功進步不快，一直停留在外形的水準上。這次很榮幸地與王老師相識，使我找到了太極拳與氣功同時修練的好方法。」

在 1996 年法國巴黎舉辦的太極拳學習班上，《法國道》雜誌的主編採訪了王老師，在親自體驗了王老師的「丹田鼓蕩」和「丹田擒拿」的絕技以後，向大家講道：「我作為《法國道》雜誌的主編，曾經採訪過武術界的許多名人，但是達到王老師這種內功水準的，還真是不多見。」

以巧取勝的典範

一個星期天的早晨，王鳳鳴老師正在北京天壇公園裏練習陳式太極拳。一個外國人看到後來到他練拳的地方，用不熟練的中國話和王老師交談起來。他自我介紹說，他

叫馬可夫斯基，家住在俄羅斯的聖彼德堡市，從小喜歡練武，曾練習過柔道、空手道、形意拳和太極拳。他有一個夢想，將來有一天到中國去學習武術。一直等到 1988 年俄中文化交流，他獲得了到北京體育大學留學的機會，才圓了他多年來的美好夢想。

交談了一會兒後，他說想和王老師推推手。當他和王老師推起手來時，心裏暗暗地吃了一驚。他想自己身高體重上都佔優勢，但是他們推起手來時，怎麼也找不到王老師的力點，猶如推到棉花上一樣虛靈柔化；隨他來勢的變化，有時王老師的身體又像一座鐵塔一樣沉重而穩固。王老師這樣剛柔相濟、靈活巧妙的變化，使他沒有施展的機會。

於是他改變了方法，用雙手使勁緊緊地抓住王老師的雙臂不放，並用勁推。他感到王老師的一隻胳膊在向後螺旋滾動，使他勁力落空後，就在他身體失去重心的一剎那，迅速返回，雙手相合，一記漂亮的發勁，將他發出去一丈多遠。

他看抓住王老師的雙臂不行，於是就變為一隻手抓住王老師的胳膊一隻手猛力推王老師胸部。只見王老師身軀轉動，他就像推在旋轉門上一樣，來勁被引進落空了，再見王老師順水推舟地捋他的胳膊，一下子便將他捋倒在地上了。在場的人無不佩服王老師以小力勝大力、以巧取勝的太極功夫。當時有人拍下此鏡頭，見圖 4-1、圖 4-2。

幾次交手後，他被王老師精湛的太極功夫所折服了。自此以後，他除了在北京體育大學學習外，每逢星期天休息的時候，他都要坐上一個多小時的公共汽車，來到天壇

圖 4-1

圖 4-2

公園找王老師學習太極拳和氣功，一直到他在北京體育大
學學習結束。

　　馬可夫斯基返回俄羅斯後，給王老師寄來了邀請信和
禮品。他在信中非常感謝王老師幾年來不辭辛苦地教授他

太極拳和氣功，並熱情邀請王老師到聖彼德堡市教授太極拳和氣功。王老師因單位工作忙不能脫身，便回信婉言謝絕了。

導引養生功

1 疏筋壯骨功＋VCD
定價350元

2 導引保健功＋VCD
定價350元

3 頤身九段錦＋VCD
定價350元

4 九九還童功＋VCD
定價350元

5 舒心平血功＋VCD
定價350元

6 益氣養肺功＋VCD
定價350元

7 養生太極扇＋VCD
定價350元

8 養生太極棒＋VCD
定價350元

9 導引養生形體詩韻＋VCD
定價350元

10 四十九式經絡動功＋VCD
定價350元

張廣德養生著作　每冊定價350元

全系列為彩色圖解附教學光碟

輕鬆學武術

1 二十四式太極拳＋VCD
定價250元

2 四十二式太極拳＋VCD
定價250元

3 八式十六式太極拳＋VCD
定價250元

4 三十二式太極劍＋VCD
定價250元

5 四十二式太極劍＋VCD
定價250元

6 二十八式木蘭拳＋VCD
定價250元

7 三十八式木蘭扇＋VCD
定價250元

8 四十八式木蘭劍＋VCD
定價250元

彩色圖解太極武術

1 太極功夫扇

定價220元

2 武當太極劍
定價220元

3 楊式太極劍
定價220元

4 楊式太極刀
定價220元

5 二十四式太極拳＋VCD

定價350元

6 三十二式太極劍＋VCD
定價350元

7 四十二式太極劍＋VCD

定價350元

8 四十二式太極拳＋VCD

定價350元

9 楊式十六式太極劍拳

定價350元

10 楊氏二十八式太極拳＋VCD

定價350元

11 楊式太極拳四十式＋VCD

定價350元

12 陳式太極拳五十六式＋VCD

定價350元

13 吳式太極拳五十六式＋VCD

定價350元

14 精簡陳式太極拳八式十六式

定價220元

15 精簡吳式太極拳三十八式 拳架・推手
定價220元

16 夕陽美功夫扇

定價220元

17 綜合四十八式太極拳＋VCD

定價350元

18 三十二式太極拳 四段

定價220元

19 楊式三十七式太極拳＋VCD

定價350元

20 楊氏五十一式太極劍＋VCD

定價350元

21 嫡傳楊家太極拳精練二十八式

定價220元

22 嫡傳楊家太極劍五十一式

定價220元

23 嫡傳楊家太極刀十三式

定價220元

養生保健

古今養生保健法 強身健體增加身體免疫力

醫療養生氣功
定價250元

2 中國氣功圖譜

中國氣功圖譜
定價250元

3 少林醫療氣功精粹

少林醫療氣功精粹
定價250元

4 龍形實用氣功

龍形實用氣功
定價220元

5 魚戲增視強身氣功

魚戲增視強身氣功
定價220元

7 道家玄牝氣功

道家玄牝氣功
定價200元

仙家秘傳法病功
定價160元

9 少林十大健身功

少林十大健身功
定價180元

10 中國自控氣功

中國自控氣功
定價250元

11 醫療防癌氣功

醫療防癌氣功
定價250元

12 醫療強身氣功

醫療強身氣功
定價250元

13 醫療點穴氣功

醫療點穴氣功
定價250元

中國八卦如意功
定價180元

15 正宗馬禮堂養氣功

正宗馬禮堂養氣功
定價420元

16 秘傳道家筋經內丹功

秘傳道家筋經內丹功
定價300元

17 三元開慧功

三元開慧功
定價250元

18 防癌治癌新氣功

防癌治癌新氣功
定價180元

19 禪定與佛家氣功修煉

禪定與佛家氣功修煉
定價200元

顛倒之術
養生內功之九轉十六真傳
定價360元

21 簡明氣功辭典

簡明氣功辭典
定價360元

22 八卦三合功

八卦三合功
定價230元

23 朱砂掌健身養生功

朱砂掌健身養生功
定價250元

24 抗老功

抗老功
定價230元

25 意氣按穴排濁自療法

意氣按穴排濁自療法
定價250元

健身祛病小功法
定價200元

28 張氏太極混元功

張氏太極混元功
定價250元

30 中國少林禪密功

中國少林禪密功
定價200元

31 郭林新氣功

郭林新氣功
定價400元

32 八卦之源與健身養生

八卦之源與健身養生
定價280元

33 現代原始氣功1

現代原始氣功1
定價400元

養生開脈太極
定價300元

35 通靈功一養生祛病及入門功法

通靈功一養生祛病及入門功法
定價300元

37 太極內功養生法

太極內功養生法
定價180元

38 無極養生氣功

無極養生氣功
定價200元

39 氣的實踐小周天健康法

氣的實踐小周天健康法
定價200元

40 達摩易筋經

達摩易筋經
定價350元

太極跤

1 太極防身術
定價300元

2 擒拿術
定價280元

3 中國式摔角
定價350元

簡化太極拳

1 陳式太極拳十三式
定價200元

2 楊式太極拳十三式
定價200元

3 吳式太極拳十三式
定價200元

4 武式太極拳十三式
定價200元

5 孫式太極拳十三式
定價200元

6 趙堡太極拳十三式
定價200元

原地太極拳

1 原地綜合太極拳二十四式
定價220元

2 原地活步太極拳四十二式
定價200元

3 原地簡化太極拳二十四式
定價200元

4 原地太極拳十二式
定價200元

5 原地青少年太極拳二十二式
定價220元

6 原地兒童太極拳十播十六式
定價180元

健康加油站

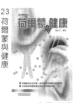

國家圖書館出版品預行編目資料

太極纏絲功 / 王鳳鳴 編著
──初版，──臺北市，大展，2010 [民 99.01]
面；21 公分─（武術特輯；118）
ISBN 978-957-468-727-5（平裝）
1.太極拳
528.972   98020819

太極纏絲功

編 著 者/王　鳳　鳴
責任編輯/朱　曉　峰
發 行 人/蔡　森　明
出 版 者/大展出版社有限公司
社　　　址/臺北市北投區（石牌）致遠一路 2 段 12 巷 1 號
電　　　話/（02）28236031，28236033，28233123
傳　　　真/（02）28272069
郵政劃撥/01669551
網　　　址/www.dah-jaan.com.tw
E-mail/service@dah-jaan.com.tw
登 記 證/局版臺業字第 2171 號
承 印 者/傳興印刷有限公司
裝　　　訂/建鑫裝訂有限公司
排 版 者/弘益電腦排版有限公司
授 權 者/北京人民體育出版社
初版 1 刷/2010 年（民 99） 1 月
初版 3 刷/2013 年（民 102）10 月　　　　　　　定價/220 元

大展好書　好書大展
品嘗好書　冠群可期